三訂 保育者論

民秋　言　編著
青木久子・上田哲世・関口はつ江
増田まゆみ・矢藤誠慈郎　　　共著
（五十音順）

初版まえがき

いま，幼稚園や保育所に社会が求め，期待するもの，すなわち保育ニーズは複雑多岐にわたり，それへの対応には緊急性を要するものも少なくない。幼稚園や保育所は，それにこたえるべく体制を整えていかねばならない。今後ますます保育ニーズは量的にも増え，複雑性・緊要性を大きくしていくであろう。

ちょうどそうしたとき，幼稚園教育要領が改訂され（平成10年），続けて保育所保育指針も改訂された（平成11年）。いずれも10年ぶりの改訂である。このたびは大幅な改訂ではないといわれながらもそれを検討してみると，子どもの福祉（幸せ）を求め多様な保育ニーズにこたえようとする内容構成となっているといえよう。

また，現実の社会では，この間にも凶悪な事件が頻発し，悲劇がしばしば引き起こされている。そのつど，いまの社会のあり方に問題ありとされ，教育問題も問われている。加害・被害を問わず，とりわけ青少年がかかわる事故・事件のときには，それは幼児教育・保育の問題にまで言及された。確かにわれわれ幼児教育・保育にかかわる者として看過できない，ひとごととして打ち棄てることのできないことがらも少なからずあった。本格的に真剣な議論を積まなければならない課題も多かった。幼児教育・保育と直接的に結びつかないまでも，そのあり方が問い直されている面は確かにあった。

今回の幼稚園教育要領，保育所保育指針の改訂においても，この点の検討は大いになされている。「生涯にわたる人間形成の基礎を培う極めて重要な時期」（指針）に保育者として子どもとかかわるのであるから，その保育者の資質は基本的なところから問われていかねばならない。保育者の資質は，専門性としても問われるものである。

本書が，こうした時代的・社会的背景のもとに刊行されたのは，それなりの意義のあることだと考える。豊かな教育の可能性をもって生まれた子どもたちを健やかに育てていくには，その担当者である保育者がまず豊かに育っていか

なければならないという視点を基本に据え，本書の編集・執筆にあたった。保育は，まず保育者の資質によるという観点に立つのである。本書は，この保育者の資質を豊かに涵養するのに何らか資するものと考えている。

　幸い，本書編集では，よき執筆者に恵まれた。いずれも永年保育者養成に携わる教師であり，かつすぐれた研究者である。編者の依頼に欣然と執筆を引き受けてもらった。各章論稿はきっと読者にご満足いただけるものと思う。

　本書は，保育者養成課程のテキストではあるが，いま保育実践に携わっている現職の保育者の課題にもこたえるものであると信じている。読者諸兄姉のご講評を望んでやまない。

　本書刊行にあたり，建帛社社長筑紫恒男氏にはお世話になった。記して謝する。

平成 12 年 5 月

民　秋　　言

三訂版まえがき

　本書『保育者論』を編集・上梓して，およそ20年を経た。この度の出版は，三訂版である。

　近年，保育をとりまく環境は大きく変化してきている。とりわけ少子化，待機児童，保育者不足などの社会的状況，そして「子ども・子育て支援新制度」による「幼保連携型認定こども園」の本格的な始動は，保育のあり方に影響を及ぼしてきている。かつては，ともすれば幼稚園と保育所とは違った存在（別のもの）として捉えられがちであったが，この新制度は，保育なり教育なりを子どもの健やかな育ちの営みと子育て支援として共通の基盤（目的・方法）で押さえ，社会全体の課題として考え，実践に移していこうとするものである。

　2017（平成29）年3月には，「保育所保育指針」，「幼稚園教育要領」，「幼保連携型認定こども園教育・保育要領」が改訂（定）され，これからの保育・幼児教育のあり方が示された。そしてそれらを実践していくため，保育士養成課程および教職課程も改められ，2019年度より実施されることとなった。

　新たな制度を運用していくためにはさまざまな条件・準備も必要であろうが，その中でも充実した保育者の養成は焦眉の急である。豊かな専門性と資質をもった保育者が得られてこそ，質の高い保育が展開されるのである。

　本書における今次の改訂においても，社会からの期待に応える保育者の養成に役立つよう努めている。読者諸兄姉にご講評頂ければ幸いである。

　本書改訂にあたり，建帛社編集部に大変お世話になった。謝して記す。

平成30年8月

民　秋　言

目　　次

第1章　保育するということ　　　　　　（民秋）

1. 「保育」のもつ意味 ……………………………………………………………… 1
2. 保育するということ …………………………………………………………… 4
　⑴　子どもを育てる二つのコース ………………………………………… 4
　⑵　子どもを育てるときのポイント ……………………………………… 6

第2章　法的なものが求める保育者像　　　　（矢藤）

1. 保育者と法 ……………………………………………………………………… 15
2. 幼稚園・保育所・認定こども園の保育者 ………………………………… 16
　⑴　幼稚園と保育所 ………………………………………………………… 16
　⑵　幼稚園と保育所の目的 ………………………………………………… 17
　⑶　保育者の種類と職務 …………………………………………………… 18
　⑷　幼稚園教諭と保育所保育士への変遷 ………………………………… 20
　⑸　認定こども園と保育者 ………………………………………………… 22
3. 保育者の要件 …………………………………………………………………… 23
　⑴　幼稚園教諭 ……………………………………………………………… 23
　⑵　保育士 …………………………………………………………………… 24
　⑶　保育者の倫理 …………………………………………………………… 25
4. 保育者としての免許・資格の取得 ………………………………………… 27
　⑴　幼稚園教諭 ……………………………………………………………… 27
　⑵　保育士 …………………………………………………………………… 29
5. 保育者の研修 …………………………………………………………………… 33
　⑴　幼稚園教諭の研修 ……………………………………………………… 33
　⑵　保育士の研修 …………………………………………………………… 34
6. 保育者の地位 …………………………………………………………………… 35
　⑴　保育者の地位 …………………………………………………………… 35

vi　目　　　次

　　(2)　保育者の地位の原則……………………………………36
　　(3)　保育者の自由…………………………………………37
　　(4)　保育者の責務…………………………………………38
　　(5)　保育者の権利…………………………………………38
7.　これからの保育者像…………………………………………38

第3章　先達の教える保育者像　　　　　　　（上田）

1.　西欧にみる保育の先達………………………………………43
　　(1)　自然に従う教育を説くルソー………………………43
　　(2)　汎愛主義者と幼児遊戯場……………………………46
　　(3)　孤児の父ペスタロッチ………………………………48
　　(4)　オーエンの理想………………………………………50
　　(5)　フレーベルが残した教育遺産………………………51
2.　わが国における保育の理論家・実践者としての先達……54
　　(1)　日本における幼稚園の生みの親中村正直…………54
　　(2)　幼児教育の真髄を探求した和田実…………………55
　　(3)　キリスト教精神に基づく児童中心保育の実践者高森ふじ…56
　　(4)　日本の新時代の保育をひらいた倉橋惣三…………57
　　(5)　家なき幼稚園運動を展開した橋詰良一……………58
　　(6)　公立市民館の働きと鵜飼貫三郎……………………59
　　(7)　米国婦人宣教師たち…………………………………60
3.　子どもとともに生きた保育者………………………………62
　　(1)　幼稚園の歴史・足跡から……………………………62
　　(2)　保育所の歴史・足跡から……………………………65

第4章　幼稚園における保育者の役割　　　　　（青木）

1.　生活による教育をつくり出す………………………………71
　　(1)　生活を通して生きる者………………………………71
　　(2)　生き生きしさを発信する者…………………………72
　　(3)　生活による芸術を楽しむ者…………………………74
2.　豊かな経験内容を織りなす…………………………………75
　　(1)　経験内容とは…………………………………………76

目　　次　vii

　　⑵　計画的に経験内容を組織する ·· 76
　　⑶　現実の難題を乗り越える ·· 79
3.　計画的に環境をつくり出す ·· 81
　　⑴　命を保持・増進できる環境を創出する ································· 81
　　⑵　生活実感が味わえる環境を構成する ···································· 82
　　⑶　遊びの環境を構成する ·· 84
　　⑷　知が育つ環境をくふうする ·· 87
4.　支え合う関係をつくり出す ·· 90
　　⑴　仲間同士で育ち合う ··· 90
　　⑵　組織を生き抜く ··· 93
　　⑶　保護者とともに育ち合う ·· 95
　　⑷　地域社会と共生する ··· 97
5.　保育の省察 ··· 98
　　⑴　振り返る作業 ·· 98
　　⑵　保育者の成長 ··· 100
　　⑶　未来の創造 ·· 101

第5章　保育所における保育者の役割 （増田）

1.　保育所に求められる多様な機能を担う保育者 ····························· 103
　　⑴　保育者の与える影響力を意識する ······································ 103
　　⑵　保育者に求められる人間性 ·· 104
　　⑶　保育所が組織体として多様な機能を果たしていくために ········· 105
2.　保育所が心身ともに心地よい場所になるために ························· 107
　　⑴　子ども理解に基づく生活設計 ·· 107
　　⑵　保護者との緊密な連携のもとに保育する人 ························· 123
3.　地域の子育て支援 ··· 126
　　⑴　一時保育 ··· 126
　　⑵　子育て相談 ·· 127
4.　育ち合う喜びを伝え合うために ··· 129
　　⑴　保護者へ ··· 129
　　⑵　地域へ発信する ·· 131

viii　目　　次

第6章　保育者になるための学習課程　　　（関口）

1. 保育者への原点（出発点）……………………………………………… 133
   (1) 保育の意味の自覚……………………………………………………… 133
   (2) 保育者のイメージと自己認識………………………………………… 135
   (3) 適正な価値観，生活態度の形成……………………………………… 137
2. 保育者になるための学習課程…………………………………………… 139
   (1) 保育者養成課程の構造と内容………………………………………… 139
   (2) 専門的能力の習得基盤………………………………………………… 141
   (3) 保育の専門性の学習において大切なこと…………………………… 144
   (4) 実習を通しての学習…………………………………………………… 150
3. 成長する保育者へ………………………………………………………… 155
   (1) 「育てること」と「育つ」こと……………………………………… 155
   (2) 保育者としての資質を培う…………………………………………… 157

第7章　いま，保育者に求められるもの　　　（民秋）

1. 多様化する保育ニーズの的確な認識…………………………………… 159
   (1) 都市化…………………………………………………………………… 159
   (2) 少子化…………………………………………………………………… 161
   (3) 核家族化………………………………………………………………… 162
   (4) 生きざまの多様化……………………………………………………… 163
2. 専門性の習得……………………………………………………………… 164
3. 研究する保育者…………………………………………………………… 165
4. 職業人としての保育者…………………………………………………… 168

さくいん……………………………………………………………………… 170

第1章　保育するということ

1.「保育」のもつ意味

　幼稚園は「教育」するところ，保育所は「保育」するところ，と分けて説明されることがしばしばある。

　確かに，幼稚園は学校教育法を根拠法とする学校である。第1条で「この法律で，学校とは，幼稚園，小学校，中学校，義務教育学校，高等学校……（中略）とする」というように，学校教育体系に組み込まれている。そして第22条「幼稚園は，義務教育及びその後の教育の基礎を培うものとして，幼児を保育し，幼児の健やかな成長のために適当な環境を与えて，その心身の発達を助長することを目的とする」の規定によるとおりである。

　一方，保育所の根拠法は児童福祉法である。第7条において「この法律で，児童福祉施設とは，助産施設，乳児院，母子生活支援施設，保育所，幼保連携型認定こども園，……」と，12種類の施設をあげているうちの一つに列せられている。そして，「保育所は，保育を必要とする乳児・幼児を日々保護者の下から通わせて保育を行うこと」としてその目的を明らかにしている（第39条）。

　なお，本書では，認定こども園については個別に取り上げ詳細に論じる必要がある場合を除き，論述を省略している。

　このように，それがよって立つ法律によって，幼稚園は「教育」，保育所は「保育」とその営み・目的が違っているのは当然である。

　しかし，本書は『保育者論』と題している。幼稚園で「教育」にあたる者，保育所で「保育」に携わる者，そして認定こども園において「教育及び保育」を担当する者，いずれにも適する論を展開する目的をもっている。そのため本書では，上記の「教育」と「保育」を一くくりにして保育という語をあてるこ

2　第1章　保育するということ

とにしている。それは，学校教育法においても保育という語が用いられている
ためでもあり，したがって保育が共通して使える語となるためである[1]

　さて，幼稚園においても保育所においても，保育が展開されてきた。いま簡
単にその歴史的流れを追ってみよう（図1-1参照）。

　太平洋戦争の終わった翌々年（昭和22年），学校教育法と児童福祉法とがそ
ろって制定された。それぞれの法律が幼稚園と保育所とを法的に位置づけたの
は前述のとおりである。そして，昭和23（1948）年に「保育要領─幼児教育の
手引き」を文部省がつくったのは意義深い。これは幼稚園の保育内容を示した
ものであるが，保育所にも適用された。前年には別の法律としてスタートした
幼稚園と保育所とが，保育内容や理念の面で「共通の保育を模索しようとす
る」[2]ものであったからである。

　その後，文部省は「幼稚園教育要領」を昭和31（1956）年に制定する。そこ
では幼稚園教育の内容を健康・社会・自然・言語・音楽リズム・絵画製作の
「六領域」としてとらえている。そして，昭和38（1963）年に文部省と厚生省
との局長が連名通知を出すこととなる。そこでの「保育所のもつ機能のうち，
教育に関するものは，幼稚園教育要領に準ずることが望ましいこと」の項目に
注意したい。すなわち，保育所の教育的機能が公認されるとともに，幼稚園と
およそ同じ内容ですすめられることが明らかとなったのである。

　これによって，昭和39（1964）年には幼稚園教育要領が改訂，翌昭和40
（1965）年には保育所保育指針が制定された。そして，平成元（1989）年には幼
稚園教育要領が，翌平成2（1990）年には保育所保育指針がそれぞれ改訂（定）
された。このときには，従来の保育内容「六領域」が五つの領域からみる「ね
らい及び内容」と変更されたことは大きな意味をもつ。

　平成10〜11年の改訂では，前回ほどの大幅な改訂内容はないとはいえ，それ
ぞれ質的には，その保育の目的なり内容のあり方を問い直すものであった。

　そして，平成20（2008）年の改訂（定）である。子どもの発達や保育内容の
捉え方に関しては，前回と基本的には変わらない。ただし，幼稚園教育要領に
おいては幼小の円滑な接続，園生活と家庭生活の連続性をふまえた教育の充

1. 「保育」のもつ意味　3

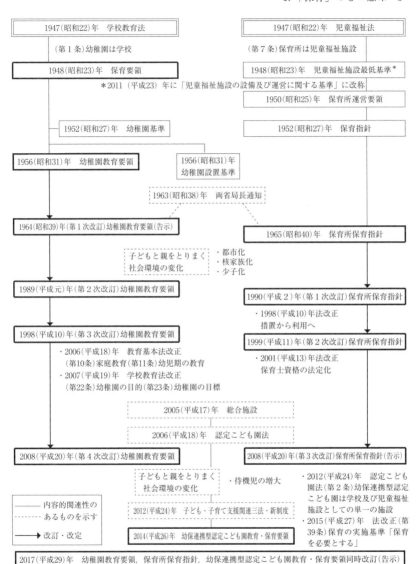

(注) 昭和39年以降の幼稚園教育要領、平成2年以降の保育所保育指針は公式的に「改訂」、「改定」という語は用いられていない。
(民秋言編『幼稚園教育要領・保育所保育指針の変遷と幼保連携型認定こども園教育・保育要領の成立』萌文書林, 2014, p.7 図表1をもとに作成)

図1-1　「教育要領」「保育指針」の変遷と「教育・保育要領」の成立

4 第1章 保育するということ

実，子育て支援と預かり保育の充実などが強調されている。保育所保育指針は告示化により，「社会が要求する基準」として法的な制約力が強くなった。

いずれにしても，幼稚園も保育所も多様な社会的なニーズにこたえるべく，保育を展開していくことが求められている。たとえ，制度的に二元化されているとはいえ，今日，両者が応えなければならない社会的課題はほとんど同じであるといってもよい。とにかく，子どもを健やかに育てることであり，子育て支援の役割を果たすことなのである[3]。

さらに，幼稚園と保育所の機能を併せた働きをする「認定こども園」がスタートした（平成18〔2006〕年，平成27〔2015〕年）。このうち幼保連携型認定こども園に関しては「幼保連携型認定こども園教育・保育要領」が告示された。

平成29（2017）年には，幼稚園教育要領，保育所保育指針，幼保連携型認定こども園教育・保育要領が同時に告示，改訂（定）された。そこでは，3歳以上は児童福祉施設である「保育所」も含めて同じように「幼児教育」を行う場であるという認識の整合性がつけられている。保育所保育指針では，「乳児の保育（0歳）」，「1歳以上3歳未満児」の保育のねらいや内容に関する記載がなされた。また，すべてに「幼児期の終わりまでに育ってほしい姿」（10の要素）が示された。

2. 保育するということ
―子どもを健やかに育てる営みとしての保育―

（1）子どもを育てる二つのコース

子どもを育てる（子どもが育つ）コース（みちすじ・ルート）はさまざまである。ここでは，保育者や親などおとなからの意図的・計画的な働きかけによって育つ場合と，おとなが意図しないのに知らない間に育っている場合との二つに分けてのとらえ方に注目しておきたい。

カリキュラムを組み，教材や教具を準備し，年間行事を配置し，子どもをクラス（同年齢クラスやあるいは異年齢の縦割クラスなど）に編成して保育するのは，

いうまでもなく意図的・計画的働きかけである。一方で，保育者の知らない間に子どもが育っていくという場面や機会が少なくないことも忘れてはいけない。すなわち「保育者の後姿（うしろすがた）・背中を見て育つ」側面である。保育者が意図していないにもかかわらずである（このことは，子どもは「親の後姿を見て育つ」といい換えても同じである）。

　子どもの育ち，特に社会的成長を社会化（socializationソーシャライゼーション）と呼ぶならば，前者は意図的社会化，後者は無意図的社会化といえる。保育において意図的社会化も無視できないが（保育が目的的営みであり，かつ幼稚園や保育所が機能的集団であるだけに），ここでは無意図的社会化に注目したい。

　およそ，子どもが育つということを考えると，一般的には身近なところにモデルを見いだし，それと自分とを重ね，それがもつものの考え方や行動のしかたを自分のものとしていく，すなわち同一視・一体視（identify（取り入れ的同一化 introjective indentification））する，としてとらえる。保育者の後姿は，保育者の知らない間に，子どもが同一視する対象となっているのである。すなわち，保育者は(親も同様に)子どもが同一視する社会化のモデルとしての役割を与えられているのである。保育の場で，子どもが保育者と比較的長い時間接触し，しかもそれがパーソナルなもの（全人格的かつ直接的な触れ合い）であるかぎり，保育者の人格や人間性，そしてパーソナリティなどが問われてくるのである。

　例えば，園庭に落ちているゴミを何げなく拾ったり，動物の世話を慈しんでする，草木には話しかけながら水をやるなどの行動が，また，危険なことをしている子への注意のことばなど，保育者のとる言動が，そのまま子どもに映る。子どもはそれを自分のものとして内に取り込んでいこうとするからである。子どもは親によく似る，クラスの子どもは担任によく似ている，といわれるのは，日常的に接触が多く，モデルとして働く機会が頻繁であるからである。

　そのため，子どもへの深い洞察力，創造力や探求心，保育への使命感，職業人としての自覚と責任感などに支えられた，人を「愛する」心や幼き者を「慈しむ」気持ちを備えた豊かな人間性が保育者に求められる。

6　第1章　保育するということ

（2）子どもを育てるときのポイント
1）子ども観をしっかりもつこと

　いうまでもなく，保育の場すなわち幼稚園や保育所は，「保育」（＝子どもを健やかに育てる）という目的なり機能を果たすために計画的・意図的につくられた集団（機能的集団）である。したがって，そこでは，どのような子どもが，さらにはどのような人間が「望ましい」か，どのように生活することが価値あるかの確たる考え，つまり子ども観とか人間観が保育者には要求される。まずは，この信念に基づいて保育は進められていく（子どもへ働きかけていく）のである。ここでは，いわゆる先達の保育思想に学ぶ例を示してみよう。われわれが学ぶべき先達は数多存在する。そのうち，代表的な人物とその著作をあげる。

　　J.A.コメニウス（1592〜1670）　大教授学

　　J.J.ルソー（1712〜1778）　エミール

　　J.H.ペスタロッチ（1746〜1827）　隠者の夕暮

　　R.オーエン（1771〜1858）　新社会観

　　F.フレーベル（1782〜1852）　人間の教育

　　J.デューイ（1859〜1952）　民主主義と教育

　　N.K.クループスカヤ（1869〜1939）　国民教育と民主主義

　　M.モンテッソーリ（1870〜1952）　子どもの秘密

　　E.ケイ（1849〜1928）　児童の世紀

　　倉橋惣三（1882〜1955）　幼稚園真諦

　これら先達の保育思想をすべて紹介することはできないが，われわれの保育観・子ども観を確かなものとするための参考となるものとして，いくつかを例示してみよう[4]。

①　J.J.ルソーの保育思想

　彼は「子どもは単におとなになる前の準備期ではない」というように，子どもを一人の人間としてとらえ，子ども時代がもつ独自の意味・意義を認めてい

る。そして次のように述べる。「人類は万物の秩序のうちにその地位を占めている。子どもは人間生活の秩序のうちにその地位を占めている。人間を人間として考え，子どもを子どもとして考えなければならない。」また，「自然にかえれ」のことばに代表されるとおり，ルソーは，子どもは自然にもっている能力を自然の中で，自然に発揮することによって成長する，と主張するのである。

② F.フレーベルの保育思想

フレーベルの保育思想は，彼が考案した感覚的知能を刺激して外界を知らせる役割を果たす「恩物(Gabe)」といわれる教育遊具の導入と併せて，わが国の幼児教育界に大きな影響を与えた。彼は，教育を「人間として，自己自身および人間を認識せしめ，さらに神および自然を認識せしめ，そしてかかる認識に基づいて，純粋神聖な生命を実現せしめるように，人間を高めなければならない」と規定する。また，「まだ幼い，いわば生まれたばかりの人間でも，たとえ自然物と同じようになお無意識的であるようにせよ，決定的に，かつ確実に，それ自体として最善のものを意志する」は，人間にはよい性質やよい傾向が，本来的かつ根源的に存在していることを説明している。さらに，「あらゆる善の源泉は，遊戯のなかにあるし，また遊戯から生じてくる」と遊びの本質を説いているのも，大いに注目すべきである。

③ M.モンテッソーリの保育思想

「モンテッソーリ・メソッド」(Montessori Method)という教育方法と感覚を教育することを目的とした「モンテッソーリ教具」(Montessori teaching goods)を開発した彼女は，刺激に富んだ教具は動機づけと「誤りの訂正」の機能を含んでおり，子どもは外的報酬なしに自己学習を展開する，子どもの心のある機能はある時期にある環境に敏感に反応し発達する，などの考えをもつ。すなわち，モンテッソーリ教具を含めた環境を整え，その中で子どもの自由を大切にしようとするのである。

④ 倉橋惣三の保育思想

倉橋については，まず「生活を生活で生活へ」ということばがもっともよく彼の保育観を示す。「幼児教育においては，知識や文字を一方的に教えるので

8 第1章 保育するということ

はなく，子どもの生活をよりゆたかな生活へ高めていくことが大切」であり，その際，一人ひとり自由な遊びを中心として，子どもを誘導しながら保育することが重要である，と述べる。また，保育はあくまでも子どもが中心におかれるものであり，子どもの自然の生活ができるようにしなければならないこと，そして，子ども一人ひとりが自由に楽しく生活し遊べるために，設備などの環境を整えておくことの大切さを力説しているのである。

上にあげたのは，われわれが保育思想（保育観・子ども観）を学ぶべき先達の一部である。著述や研究のほかに保育実践もあわせて，多くの先達の業績を学び，自分の保育観・子ども観をしっかりしたものとしていきたい[5]。

2）「あるがまま」を受け入れる

保育をする，すなわち保育者が子どもに働きかけるとき，保育者からの一方的なコミュニケーションではなく，子どもからのコミュニケーションも受け入れ，相互的コミュニケーション関係が成り立つよう十全の配慮をする必要がある。もちろん，保育は保育者からの働きかけがあってはじめて成り立つものである。例えば，あらかじめ計画されるカリキュラムは，幼稚園や保育所がもつ施設・設備の整備状況，職員の数や力量，園児の年齢構成や数など，その他さまざまな条件を前提として組み立てられ，それをもとに保育が進められることはいうまでもない。周到な用意・準備は絶対に必要である。しかし，それが，保育者による一方的なものであってはならないのである。この点を幼稚園教育要領（平成29年3月改訂，以下単に改訂教育要領とよぶ）にみてみよう。

○教師は，幼児の主体的な活動が確保されるよう幼児一人一人の行動の理解と予想に基づき，計画的に環境を構成しなければならない。（第1章総則第1）
○具体的なねらい及び内容は，幼稚園生活における幼児の発達の過程を見通し，……，幼児の興味や関心，発達の実情などに応じて設定すること。（第1章総則第4　2指導計画の作成上の基本的事項）
○幼児の生活する姿や発想を大切にし，常にその環境が適切なものとなるようにすること。（同上）

このように，絶えず，保育者の働きかけに子どもがどう反応・対応するかを見極めること，かれらの欲求，つまり興味や関心・要求などを受け止めること

といったような関係をつくる必要がある。このためには，まず，いま子どもが
どのような状況におかれ，何を要求しているのかをきちんと受け止める
（acceptance 受容・アクセプタンス）こと，したがって保育者が自分の考えて
いることを強引に子どもに理解させようとする姿勢をもたないことであり，特
に計画したことを子どもの反応を無視して実践する姿勢は避けなければならな
い。子どもが理解しやすいようなペースで語りかけるとか，表情を豊かにする
とか，質問・意見がだれでも出せる内容の教材を用意したり，雰囲気をつくる
といった状況設定に留意することが大切なのである。

　これについても，改訂教育要領は次のように述べている。

　　○教師は，……，幼児一人一人の活動の場面に応じて，様々な役割を果たし，その活
　　　動を豊かにしなければならない。（第 1 章総則第 1）

　また，ここでも子どもはそれぞれの発達のみちすじをたどってきていること
をしっかりとふまえて，一人ひとりを確かに受け止めること（アクセプタンス）
を忘れてはならない。

3）子どもとともに「感動する」

　保育をするとき，「子どもと同じ目の高さで接しなさい」という助言がよく
聞かれる。これは「同じ目の高さ」とは，（肉体的に）大きなおとな（保育者）
は小さな子どもにはしゃがんで目線（視線）を同じくして接することを教えて
いる。ただでさえ大きいおとなが立ったままだと小さい子どもは見上げるよう
になり，圧迫感を与えてしまうことを注意しているのである。しかし，これだ
けの理解では十分ではない。すなわち，保育者は，子どもの喜びや悲しみをみ
ずからの喜びや悲しみとすること，子どもの驚きや感興をもみずからのものと
すること，したがって子どもと感動をともにする，「共感する」ことが大切で
ある。保育者は子どもと「共感」できなければいけない。その「共感」をもと
にして，保育者と子どもとの間にラポート（rapport 信頼関係・よい関係）が生
ずるのである。

　もうすでに20年ほど前のことであるが，筆者がある幼稚園でクラス（4歳児）
を担任したときの経験は，いまも忘れられない。

10　第1章　保育するということ

　クラスの子どもたちに歌とそれに合わせた遊戯を教えた。「手のひらを太陽にすかしてみれば，まっかにながれる僕の血潮……」(やなせたかし詞・いずみたく曲)。歌い終えて筆者は子どもにきいた，「どう，みっちゃん，赤い血が見えた？」。返事は「そんなの見えないよ」。「あやちゃん，あなたは見えたよね」，「べーつにい，見えるはずないよ」。「じゃ，もう一度やるよ」と歌に遊戯をつけて懸命に演じた。結果は，無残にも前と同じ返事であった。

　その夜，いろいろ思いめぐらしてあることに気がついた。「そうだ，自分は歌と遊戯を教えただけだ。自分から赤い血潮を手のひらから見ようとしなかったのだ」と。自分自身がまず「赤い血潮」を見てみなければならなかったのだ。

　昨日まで大切に飼っていた小鳥のピーコが死んだ。園庭の端に土を掘り，軟らかい白い布で包み埋める。「ピーコの墓」とカマボコの板に書き，立てかけ，「お母さんのところに行きなさい」，「安らかにねむりなさい」といって手を合わせる。

　こうした一連の行動はセレモニーであり文化である。保育者が子どもに伝えなければならない重要な社会生活の行動様式の一部である。しかしこのことだけでは保育にはならない。「生きとし生ける」生命がなくなったことへの悲しみと生への尊厳が伝えられなくてはならない。そのとき，保育者みずからが悲しみにくれ，生命という自然の摂理の偉大さに畏敬（いけい）の念をもてるか，が重大な問いかけとなる。

4）「待つ」ことの大切さ

　保育は子どもを健やかに育てることをつとめとしているが，その「育ち」について，どのようにとらえていけばよいか，考えてみよう。

　保育者は，保育をするとき，まず，子どもは「必ず育つ」という信念をもつことである。子どもはだれもが育つ可能性をもって生まれてきているのであり，また，その可能性は保育されることによって具体的な「育ち・成長」となるのである。たとえ，今日育たなくても明日育つ，あるいは今年中には育つ，いや，来年になるかもしれない，また，卒園してからの小学校での育ちであるかもしれない，いつかは「必ず育つ」という信念である。

改訂教育要領で，「入園から修了に至るまでの長期的な視野をもって」教育課程を編成すること，五領域ごとにあげられているねらいは，「幼稚園における生活の全体を通じ，……次第に達成に向かう」ものであることを説いている。また，新たに「幼児期の終わりまでに育ってほしい姿」として，幼稚園修了時の具体的な姿が示され，それを「踏まえ教育課程を編成すること」とされている。平成29年改定保育所保育指針（以下単に改定保育指針とよぶ）でも，「幼児期の終わりまでに育ってほしい姿」が同様に示され，「乳児」「１歳以上３歳未満児」「３歳以上児」の保育，それぞれの発達のみちすじとして，五領域ごとに示されたねらいと内容をとらえるようガイドしている。育ちのみちすじは子どもそれぞれで一様ではない。例えば育ちが早く表れる子もいるし，遅い子もいる。また一気に育ちにつながる子とその内でとどまり，なかなか外に形となって出てこない子もいる。育ちを標準的・平均的にのみとらえるのではなく，一人ひとりの子どもについて育ちを見守らねばならないのである[6]。

われわれは，ともすれば育ちを量や形となって，しかもできるだけ早く，あるいはほかの子と同じように表れてくるものとして期待しがちである。しかし，一人ひとりの子どもはそれぞれの育ちのみちすじをもっているのであり，じっくり育ちを待たねばならない。量や形にはなっていなくとも，表面下ではその子なりに着実に育っているはずである。

今日のわれわれは「待つ」喜び，待って待ってその結果与えられた喜びの体験を失いつつある。かつて，お正月を楽しみに待った子どもの日々を思い出してみよう。「もういくつ寝るとお正月……」と歌って正月を待ったうれしさはどこにいったのか。「久しく持ちにし」と讃美歌にあるクリスマスの意味は何か。

たいていの園でクリスマスは大切な保育行事となっていよう。クリスマスはプレゼントをもらう楽しみだけを体験させるものか。あのユダヤ民族が紀元前に何千年も外敵の圧迫から耐え，待ち，やっと信仰するエホバ（神）から救い主イエス・キリストを与えられた喜びは何か。ヘンデル作曲による「メサイア」（とくに「ハレルヤコーラス」で有名）の感動は何か。いま一度，「待つ」ことの

12　第1章　保育するということ

意味をじっくり考えてみたいものである。

　ただ，今日の社会では子どもの育ちは「待つ」だけではいけない。以前は
「子どもは放っといても育つ」といわれた。いまは，もう，そういう状況には
ない。保育者として一生懸命ていねいに保育し，そのうえで待つのである。待
てば待つほど与えられる喜びは大きいのである。

5）「ともに育つ」ことの意味

　いうまでもなく保育は保育者が子どもを育てる営みであるが，そこでは保育
者も育つチャンスを与えられているし，むしろ育たなければならないのであ
る。もちろん，保育生活の中で保育者が育つとは，直接的に子どもから教わる
という面もあろう。

　ここでいいたいのは，保育する過程での保育者自身の「学び」と「育ち」で
ある。

　保育活動の中で，日々の子どもとの接触を通して保育者としての技能的熟練
を積む。いままでうまく弾けなかったピアノも毎日練習を続けていれば上達す
る。絵本の読み方も，子どもを引きつけるテクニックを徐々に身につけていく
ようになるであろう。2年目の保育者には1年目より経験において一日の長が
あるはずである。保育に必要な技術や知識の習得は，毎日の練習・準備と実践
の積み重ねで何とかなろう。

　知的にも肉体的にも勝るおとな（保育者）が子どもからその面で教わること
はほとんどないといってもよい。しかし注目すべきは，情緒的なこころの面は
大いに教わるのである。純真無垢な子どもは，われわれがおとなであるがため
失いつつある人間としての真のあり方をいろいろな場面（ことばや行動）で訴
えているであろう。それに気づかねばならない。幼い生命を慈しみ，無限の可
能性を育むことの大切さと喜びをみずから体験していかなければならない。

　ここで問題にしたいのは，人を愛することの尊さ，難しさとまじめにつとめ
ることの大切さを学び，人間として成長していくことである。

　保育者は毎日の子どもとの触れ合いの中でさまざまな状況に遭遇する。子ど
もだけでなく親ともいろいろなかかわりをもつ。

2. 保育するということ　13

　まず，豊かな感性と愛情とをもって子どもを慈しむ気持ちと態度をますます強くもつことが求められよう。親とのあいだでは，おとな同士の葛藤も含みながら，相手を理解することの難しさと受けいれる困難さを経験していくであろう。相互理解が可能となった喜びも味わうであろう。親役割をしっかり説明し，親としての自覚を促す努力を惜しんではならない。これこそが何よりの「子育て支援」であろう。

　こうした多くの体験は必ずや保育者を成長させるに違いない。そのときに欠かしてはならないのは，学びの姿勢と誠実に努める姿勢とである。昨日より今日，今日よりも明日というように少しずつでも充実した保育ができるよう励みたいものである。

〔引用文献・注〕
1) 「保育」をどのように定義するかについてはさまざまな論議がある。筆者も『保育原理—その構造と内容理解』（萌文書林，pp.11〜20, 2006）において若干の整理を試みている。
2) 久保いと『保育原理　共に学ぶ人間らしさのかなめ』（田中未来との共著）p.197，川島書店，1993
3) 保育所の社会的役割は，改定保育指針にみる次の記述（第1章総則）から明らかである。(a)「保育所は，児童福祉法第39条の規定に基づき，保育を必要とする子どもの保育を行い，その健全な心身の発達を図ることを目的とする」，(b)「保育所は，入所する子どもを保育するとともに，家庭や地域の様々な社会資源との連携を図りながら，入所する子どもの保護者に対する支援及び地域の子育て家庭に対する支援等を行う役割を担う」。ここにみる (a) は幼稚園（改訂教育要領）においての「学校教育法に規定する目的及び目標を達成する」ための幼児教育に対応するが，(b) についても，幼稚園では同じ役割を果たすように求められている。それは次の記述においてわかる（第3章）。「幼稚園の運営に当たっては，子育ての支援のために保護者や地域の人々に機能や施設を開放して……幼児期の教育に関する相談に応じたり，情報を提供したり，幼児と保護者との登園を受け入れたり，保護者同士の交流の機会を提供したりするなど，……地域における幼児期の教育のセンターとしての役割を果たすよう努めるものとする」。
4) 本項については，次の諸稿を参考とした。
　(1)岡本富郎「保育の歴史・思想から何を学ぶか」，岡本ほか著『新保育原理』pp.165〜185，萌文書林，1989
　(2)皿田琢司「保育の思想と歴史」，丸尾ほか編『保育原理』pp.129〜159，福村出版，

14　第1章　保育するということ

　　1997

⑶林信二郎「モンテッソーリ」,「モソテッソーリ教具」,岡田ほか編『現代保育用語
　辞典』p.430,p.513,フレーベル館,1997

⑷白川蓉子「モンテッソーリの保育」,平山ほか編『現代子ども大百科』p.952,中央
　法規出版,1988

5)　多くの先達の業績（研究や保育実践）については本書第3章に詳しく述べている。

6)　詳しくは,民秋言「保育所の保育内容」（民秋・吉村編著『保育内容総論―保育内容
　の構造と総合的理解』萌文書林,2009）を参照。

第2章 法的なものが求める保育者像

1. 保育者と法

　保育者論に入っていくにあたって，まず本章で，法的・制度的側面から保育者がどのような存在か，そして保育者はどうあるべきかについて述べていく。自分が選ぼうとしている仕事の法律上，制度上の位置づけや意味づけを知ることは，確実な仕事をするために最低限必要なことであり，またよりよい保育をしていくために有益なことである。

　幼稚園や保育所，認定こども園における保育という営みは，基本的に，保育者と子ども，あるいは保育者と子どもの保護者とのかかわりである。しかし「保育者」や「園児」といった枠を留保して考えるなら，それは，親でもない他人が，自分の子どもでもない乳幼児と恒常的に長時間かかわり合ったり，その子どもの親権をもつ親に対して助言を行ったりするという営みである。

　なぜ，そうした営みが当然のこととして，あるいは正当なこととしてみなされ得るのであろうか。それは，保育という営みが，保育者の個人的利益のために恣意的に行われているわけではなく，子どもの権利を守り，その成長を確かなものとしていくよう，法的・制度的に裏づけられているからである。

　確認しておかなければならないことは，法が規制をかけることを目的とするものではなく，自由や権利を保障するためのものだということである。法があることで，保育者は保育者としての行為に自由を与えられる（無関係な他人が勝手に保育所に入り込んで保育を行うことはできない！）。子どもは不当な干渉や侵害から守られ，健やかに自由に育つ権利を保障される。

　法の内容には，「…しなければならないこと」（義務），「…することが望ましいこと」（目標），「…してもよいこと」（権利），そして「…してはならないこと」（禁止）がある。これらは，ある営みがうまくいっているときには，ほとんど省

16　第2章　法的なものが求める保育者像

みられることはないし，また省みる必要性も少ない。しかしひとたび問題が起こったときには，しなければならなかったことをしていたか，目標に向けて努力していたか，権利を十分に生かして手を尽くしていたか，してはならないことをしていなかったか，などが問題となる。特に強制力が強い義務と禁止については，責任が明確に求められる。

　したがって，保育者が法について理解するということは，みずからの権限の範囲とそれに伴う責任について理解することである。このことは子どもの権利の保障に直結しており，また法に従って保育を実施する限りにおいて，保育者の権利は保障される。つまり，保育者への縛りは子どもの権利を守り，それは同時に保育者自身を守るのである。

　保育という営みは，子どもたちと心を通わせ合う楽しさや充実感に満ちている。しかしそれらは法的な基盤をもち，法に規定され，法に裏打ちされてはじめて，正当なこととして成り立ち得るのである。

　本章では法令等の引用が多く，かたい文章が多くなる。しかし，繰り返し述べてきたように，子どもたちの権利を保障するために，また保育者としての職務を確かなものにするためには，リーガル・マインド＝法の精神が不可欠であり，これを身につけるために本章の内容について十分理解を深めてほしい。

2. 幼稚園・保育所・認定こども園の保育者

（1）幼稚園と保育所

　まず，幼稚園と保育所の法的な名称をそれぞれ確認しよう。第二次大戦後，就学前の保育の機関は，制度的には「幼稚園」と「保育所」との二本立てとなった。幼稚園は学校教育法（第1条「学校の定義」）に規定される学校の一つである。学校制度は日本国憲法第26条「すべて国民は，法律の定めるところにより，その能力に応じて，ひとしく教育を受ける権利を有する。②すべて国民は，法律の定めるところにより，その保護する子女に普通教育を受けさせる義務を負ふ。義務教育は，これを無償とする」という，教育を受ける権利，教育

2. 幼稚園・保育所・認定こども園の保育者　17

を受けさせる義務の理念を根拠としている。この条文を受けて，教育版の憲法といえる教育基本法に教育の理念が記され，さらにそれを受けて，学校教育法に教育の理念が具体化されているのである。

　一方，保育所は児童福祉法第7条に規定される児童福祉施設の一つである。これは憲法第25条「すべて国民は，健康で文化的な最低限度の生活を営む権利を有する。②国は，すべての生活部面について，社会福祉，社会保障及び公衆衛生の向上及び増進に努めなければならない」という，生存権およびそれへの国の社会保障義務の理念を根拠としている。この条文を受けて，社会福祉事業全分野に共通する基本事項を定めたものとして，社会福祉法が制定されている。それはさらに児童福祉法において具体化されている。

　また，平成18（2006）年に改正された教育基本法には，新たに，「家庭教育」（第10条）と「幼児期の教育」（第11条）が設けられた。第10条では，「1　父母その他の保護者は，子の教育について第一義的責任を有するものであって，生活のために必要な習慣を身に付けさせるとともに，自立心を育成し，心身の調和のとれた発達を図るよう努めるものとする」と家庭の責任を示した上で，「2　国及び地方公共団体は，家庭教育の自主性を尊重しつつ，保護者に対する学習の機会及び情報の提供その他の家庭教育を支援するために必要な施策を講ずるよう努めなければならない」と，行政による子育て支援を規定している。

　第11条では，「幼児期の教育は，生涯にわたる人格形成の基礎を培う重要なものであることにかんがみ，国及び地方公共団体は，幼児の健やかな成長に資する良好な環境の整備その他適当な方法によって，その振興に努めなければならない」と，行政による幼児期の教育の振興を義務づけている。

　これらは，幼稚園と保育所とにかかわらず，未就園児をもつ地域の子育て家庭も含め，就学前の子どもの教育の充実と，子育て支援を進めるものである。

（2）幼稚園と保育所の目的

　幼稚園・保育所それぞれの目的は次の通りである。幼稚園は，学校教育法第22条「目的」によると，「義務教育及びその後の教育の基礎を培うものとして，

18　第2章　法的なものが求める保育者像

幼児を保育し，幼児の健やかな成長のために適当な環境を与えて，その心身の発達を助長することを目的とする」学校である。

　保育所は，児童福祉法第39条によると，「保育を必要とする乳児・幼児を日々保護者の下から通わせて保育を行うことを目的とする」児童福祉施設である。保育の必要度については，子ども・子育て支援法第19条によって，「一　満3歳以上の小学校就学前子ども（次号に掲げる小学校就学前子どもに該当するものを除く。）」（いわゆる1号認定子ども），「二　満3歳以上の小学校就学前子どもであって，保護者の労働又は疾病その他の内閣府令で定める事由により家庭において必要な保育を受けることが困難であるもの」（いわゆる2号認定子ども）および「三　満3歳未満の小学校就学前子どもであって，前号の内閣府令で定める事由により家庭において必要な保育を受けることが困難であるもの」（いわゆる3号認定子ども）と区分される。幼稚園は1号認定子ども，保育所は2号および3号認定子ども，幼保連携型認定こども園はすべての子どもを対象としている（認定こども園の類型についてはp.22に記載）。この保育の区分と必要量の認定は，子ども・子育て支援法第20条第2項および第3項により，保護者の居住地の市町村が行うこととされている。

（3）保育者の種類と職務
1）幼稚園教諭

　「先生」とは職業の名称ではなく，敬称である。幼稚園の先生は学校の「教員」である。学校には「校長及び相当数の教員」を置くことになっている（学校教育法第7条）が，幼稚園では特に「校長」といわず，「園長」という。幼稚園に必ず置かなければならない職員は，園長と教頭，そして教諭である。ただし教頭については，副園長を置くときその他特別の事情があるときは置かなくてもよい。また幼稚園には，副園長，主幹教諭，指導教諭，養護教諭，栄養教諭，事務職員，養護助教諭その他必要な職員を置くことができる。さらに特別の事情があるときは教諭に代えて助教諭または講師を置くことができる（学校教育法第27条，37条）。それぞれの職務内容は表2－1の通りである。

2. 幼稚園・保育所・認定こども園の保育者　19

表 2-1　幼稚園の教員

職種	職務内容	設置
園長	園務をつかさどり，所属職員を監督する。	必置。
教頭	園長（副園長を置く幼稚園にあっては園長及び副園長）を助け，園務を整理し，及び必要に応じ幼児の保育をつかさどる。	必置。特別の事情があるときに置かないことができる。
教諭	幼児の保育をつかさどる。	必置。
副園長	園長を助け，命を受けて園務をつかさどる。	置くことができる。 ＊学校の実情に照らし必要があると認めるときは，園長（副園長を置く幼稚園にあっては園長及び副園長）及び教頭を助け，命を受けて園務の一部を整理し，並びに幼児の養護または栄養の指導及び管理をつかさどる主幹教諭を置くことができる。
主幹教諭＊	園長（副園長を置く幼稚園にあっては園長及び副園長）及び教頭を助け，命を受けて園務の一部を整理し，並びに幼児の保育をつかさどる。	
指導教諭	指導教諭は，幼児の保育をつかさどり，並びに教諭その他の職員に対して，保育の改善及び充実のために必要な指導及び助言を行う。	
養護教諭	幼児の養護をつかさどる。	
栄養教諭	幼児の栄養の指導及び管理をつかさどる。	
事務職員	事務に従事する。	
養護助教諭	養護教諭の職務を助ける。	
その他の職員	その他必要な職務に従事する。	
助教諭	教諭の職務を助ける。	特別の事情のあるときは置くことができる。
講師	教諭又は助教諭に準ずる職務に従事する。	

　「幼児の保育をつかさどる」とは，幼児を保育し，適当な環境を与えて，その心身の発達を助長するという業務に当たることである。

　さらに幼稚園設置基準において，教職員の配置についてより詳しい規定がある（第 5 条「教職員」）。幼稚園には園長のほか，各学級に少なくとも専任の主幹教諭，指導教諭または教諭（教諭等）を 1 人置かなければならない。また特別の事情があるときには，教諭等ほ，副園長または教頭がこれを兼ねたり，幼稚園の学級数の 3 分の 1 以内で，専任の助教諭または講師を充ててもよい。隣接の公立小学校の校長が幼稚園長を兼務するなど，専任でない園長を置く場合には，主幹教諭，指導教諭，教諭，助教諭または講師のほか，副園長，教頭，主幹教諭，指導教諭，教諭，助教諭または講師を 1 人置くことが原則となっている。第 6 条では，幼稚園に，養護をつかさどる主幹教諭，養護教諭または養護助教諭および事務職員を置くように努めることとされている。

20　第2章　法的なものが求める保育者像

2）保　育　士

　保育所の先生は「保育士」である。以前は「保母」とされていたが，児童福祉法改正によって平成11（1999）年から保育士となった。

　保育士の定義は，児童福祉法第18条の4に記されている。それによると，保育士は，都道府県に備えられた保育士登録簿（第18条の18）への「登録を受け，保育士の名称を用いて，専門的知識及び技術をもつて，児童の保育及び児童の保護者に対する保育に関する指導を行うことを業とする者」であり，厚生労働大臣の指定する保育士を養成する学校その他の施設を卒業した者，または保育士試験に合格した者が保育士となる資格を有することとされている（第18条の6）。児童福祉施設の設備及び運営に関する基準（以下，「児童福祉施設設備運営基準」とする）によると，児童福祉施設のうち，保育所（第33条），児童養護施設（第42条），福祉型障害児入所施設（第49条），医療型障害児入所施設（第58条），福祉型児童発達支援センター（第63条），医療型児童発達支援センター（第69条），児童心理治療施設（第73条）には，保育士を置かなければならない。乳児院では，2名を除き，必置の看護師に代えて保育士や児童指導員を充てることができる（第21条）。母子生活支援施設に必置の母子支援員は，その該当者の一つが保育士資格を有する者である（第28条）。また，児童厚生施設に必置の「児童の遊びを指導する者」の該当者の一つが保育士である（第38条）。児童自立支援施設には児童生活支援員が必置であるが，この該当者の一つが保育士の資格を有する者である（第83条）。なお，2011（平成23）年の改正で小規模施設への保育士の加配が明記された。これらを整理すると表2－2のようになる。以上のように，保育士は児童福祉全般に実に広くかかわっており，また，子どもだけでなく，子どもの保護者の支援も行わなければならない。ここでいう保護者とは，保育所の利用者だけでなく，地域の子育て家庭も含むとする理解が一般的である。

（4）幼稚園教諭と保育所保育士への変遷

　保育者の呼称として「保母」が最初に用いられたのは，明治9（1876）年，東

2. 幼稚園・保育所・認定こども園の保育者　21

表 2-2　保育士の配置

施設種別	保育士に関連する必置の職	保育士の充当
保育所	保育士	児童養護施設，福祉型障害児入所施設に小規模施設加配あり。
児童養護施設		
福祉型障害児入所施設		
医療型障害児入所施設		
福祉型児童発達支援センター		
医療型児童発達支援センター		
児童心理治療施設		
乳児院	看護師	2名を除き保育士を充ててよい。入所児10〜20人の場合，加配あり。
母子生活支援施設	母子支援員	左記の職の該当者の一つが保育士。
児童厚生施設	児童の遊びを指導する者	
児童自立支援施設	児童生活支援員	

京女子師範学校附属幼稚園の「規則」における「保姆」が最初である。これが幼稚園だけでなく保育所等の保育者の呼称としても定着していった。

　第二次大戦後，教育および福祉の法体系が再編される中で，幼稚園は学校教育法（昭和22〔1947〕年制定）に規定され，保育所は児童福祉法（昭和22〔1947〕年制定）に規定されることになった。その際，学校の一つに組み込まれた幼稚園の保育者は「教諭」となり，児童福祉施設である保育所の保育者は「保母」とされた。

　保母は長らく女性の職業であったが，昭和52（1977）年の児童福祉法施行令の改正により，男性保育者への門戸が開かれた。しかし資格名称が保母のままであったために，通俗的に「保父」などとよばれることとなった。

　こうした状況を改善するために，平成10（1998）年の児童福祉法改正にあわせて，「児童福祉法施行令等の一部を改正する政令並びに児童福祉施設最低基準等の一部を改正する省令及び児童福祉法施行規則等の一部を改正する省令の施行について」（通知）において，「保母の名称を保育士に改めるとともに男女共通の名称と」することとなり，平成11（1999）年4月1日から施行され，現在にいたっている。

22　第2章　法的なものが求める保育者像

（5）認定こども園と保育者

　規制改革推進3か年計画（平成15〔2003〕年3月28日閣議決定）における「近年の社会構造・就業構造の著しい変化等を踏まえ，地域において児童を総合的に育み，児童の視点に立って新しい児童育成のための体制を整備する観点から，地域のニーズに応じ，就学前の教育・保育を一体として捉えた一貫した総合施設の設置を可能とする」という提案を踏まえ，「就学前の子どもに関する教育，保育等の総合的な提供の推進に関する法律」（以下，認定こども園法）が平成18（2006）年10月1日に施行された。さらに，平成27（2015）年4月1日に施行された子ども・子育て支援新制度の重要な法整備の一つとして，同日に改正法が施行された。この認定こども園法第1条では，「幼児期の教育及び保育が生涯にわたる人格形成の基礎を培う重要なものであること並びに我が国における急速な少子化の進行並びに家庭及び地域を取り巻く環境の変化に伴い小学校就学前の子どもの教育及び保育に対する需要が多様なものとなっていることに鑑み，地域における創意工夫を生かしつつ，小学校就学前の子どもに対する教育及び保育並びに保護者に対する子育て支援の総合的な提供を推進するための措置を講じ，もって地域において子どもが健やかに育成される環境の整備に資すること」とされている。

　認定こども園とは，保育所と幼稚園の機能を併せ持った施設である。幼稚園の機能と保育所の機能を一体化した「幼保連携型」（学校かつ児童福祉施設），幼稚園に保育所の機能を付加した「幼稚園型」（学校），保育所が幼稚園の機能も併せ持つ「保育所型」（児童福祉施設），都道府県の条例による基準を満たすことで認定を受けるもの「地方裁量型」（学校でも児童福祉施設でもない）がある。なお，幼保連携型認定こども園は幼稚園のようには学校教育法に規定されていないが，教育基本法第6条にある「法律に定める学校」であり，同時に児童福祉法に定める児童福祉施設でもある。

　なお，実施する教育・保育の内容として，幼稚園では「幼稚園教育要領」，保育所では「保育所保育指針」が定められているが，幼保連携型認定こども園においても「幼保連携型認定こども園教育・保育要領」が策定された。

幼保連携型認定こども園の職員には，幼稚園教諭免許と保育士資格の両方を併有する任用資格が必要とされ，この要件を備えた職員を「保育教諭」と呼ぶ。幼稚園型では満3歳以上の子どもの教育・保育に従事する場合は，両免許・資格の併有が望ましいがいずれでも可とされ，満3歳未満の子どもの保育に従事する場合は保育士資格が必要となる。保育所型では，幼稚園型と同様の要件に加えて，2・3号認定子どもの保育に従事する場合は保育士資格が必要である。地方裁量型も，幼稚園型と同様である。

都道府県は条例を制定してこども園を認定していくが，教育基本法，学校教育法，児童福祉法等の規定や精神を損なうことのないよう，十分な配慮が望まれる。

3. 保育者の要件

（1）幼稚園教諭

幼稚園の教諭は，教育職員免許法（以下，教職免許法）にいう「教育職員」であり，教育職員は，教職免許法により授与する各相当の免許状を有する者でなければならない（第3条「免許」）。

国公立学校の教員は公務員であるから，国家公務員法と地方公務員法の下にあるが，一方，特に「教育公務員」とされ，教育公務員特例法が適用される。

一般公務員の採用は「競争」試験であるが，教育公務員または採用や昇任は「選考」による。単に試験の成績でなく，教員としての適性を考慮してのことである。選考するのは，大学に附属する学校ではその大学の学長，それ以外の国立学校では文部科学大臣，大学附属以外の公立学校ではその校長および教員の任命権者である教育委員会の教育長である（第11条）。

教育公務員の採用は一般公務員と同じく，条件つきである。採用された職員が，その職において一定期間勤務し，その間その職務を良好な成績で遂行して初めて，正式に採用ということになるのである。ただしその期間は一般公務員の6か月より長く，1年とされる（第12条「条件附任用」）。教員の仕事が，非常

24　第2章　法的なものが求める保育者像

に幅広く，よりトレーニングが必要な専門職とみなされるからである。

　また，教員には欠格条項があり，どれか一つでも該当する場合は教員になることができない。学校教育法第9条「校長・教員の欠格事由」では，①成年被後見人または被保佐人，②禁錮以上の刑に処せられた者，③免許が失効して3年を経過しない者，④免許状取上げの処分を受け，2年を経過しない者，⑤日本国憲法施行以後，憲法またはその下に成立した政府を暴力で破壊することを主張する政党その他の団体を結成し，またはこれに加入した者は，校長または教員になることができない。免許が失効したり取上げられたりするのは，教員の職にあって懲戒免職等の処分を受けた場合や，現に職になくとも信用を失墜する非行が認められる場合である（教育職員免許法第10条，第11条）。教職免許法第5条「授与」にも同様の規定がある。上記5項目以外に，①18歳未満の者と，②高等学校を卒業しない者（通常の課程以外の課程におけるこれに相当するものを修了しない者を含む。文部科学大臣が高校修了相当と認めた者は除く）には免許が授与されない。これら欠格事由は，教育の特殊性と重要性にかんがみて，地方公務員法よりも厳重になっている。例えば，禁錮以上の刑を受けてもその執行が終われば一般公務員になることができるが，教員になることはできない。

（2）保　育　士

　厚生労働大臣の指定する保育士を養成する学校その他の施設（指定保育士養成施設）を卒業するか，保育士試験に合格することにより，保育士として登録する資格を得ることができる。

　保育士も，国公立施設に勤務する場合は公務員となり，地方公務員法等の諸法令の適用を受ける。

　また児童福祉施設の職員には，児童福祉施設設備運営基準第7条「児童福祉施設における職員の一般的要件」が適用される。ここでは児童福祉施設に入所している者の保護に従事する職員の要件として，第一に，健全な心身を有していること，第二に，豊かな人間性と倫理観を備えていること，第三に，児童福祉事業に熱意のある者，第四に，できる限り児童福祉事業の理論および実際に

ついて訓練を受けていることが挙げられている。つまり健康，人間性，熱意，知識・技能が四つの柱となっている。これらは，きまりというよりも，児童福祉施設職員のあるべき姿を示しており，求められる保育士像の基本といえる。

また，児童福祉施設の職員は，入所している者の国籍，信条，社会的身分または入所に要する費用を負担するか否かなどによって，差別的扱いをしてはならない（第9条「入所した者を平等に取り扱う原則」）。虐待も当然禁止されており（第9条の2「虐待等の禁止」），入所児童の福祉のために法律で認められた懲戒を加える場合でも，身体的苦痛を与え，人格を辱める等その権限を濫用してはならないことになっている（第9条の3「懲戒に係る権限の濫用禁止」）。

保育士にも欠格事由が規定されている（児童福祉法第18条の5「保育士の欠格事由」）。①成年被後見人または被保佐人，②禁錮以上の刑に処せられその執行を終わり，又は執行を受けることがなくなった日から起算して2年を経過しない者，③この法律の規定その他児童の福祉に関する法律規定であって政令に定めるものにより罰金の刑に処せられ，その執行を終わり，又は執行を受けることがなくなった日から起算して2年を経過しない者，④虚偽や不正の事実により登録を受けたり（第18条の19），信用失墜行為（第18条の21）や守秘義務（第18条の22）違反があって，登録を取り消され，その取り消しの日から起算して2年を経過しない者，のいずれかに該当するものは保育士になることができない。

（3）保育者の倫理

保育士については，児童福祉法の改正（平成15〔2003〕年11月29日施行）により資格が法定化され，その社会的責務を心に留めて職務に当たるために，社会福祉法人全国社会福祉協議会全国保育士会において「全国保育士会倫理綱領」が採択された（平成15〔2003〕年2月26日）。そこでは，保育への責任と誇りをもち，人間性と専門性の向上に努め，一人ひとりの子どもを尊重して，次のことを行うよう謳っている。すなわち，①子どもの最善の利益の尊重，②子どもの発達保障，③保護者との協力，④プライバシーの保護，⑤チームワークと自己評価，⑥利用者の代弁，⑦地域の子育て支援，⑧専門職の責務，である。

26 第2章 法的なものが求める保育者像

全国保育士会倫理綱領

　すべての子どもは，豊かな愛情のなかで心身ともに健やかに育てられ，自ら伸びていく無限の可能性を持っています。

　私たちは，子どもが現在（いま）を幸せに生活し，未来（あす）を生きる力を育てる保育の仕事に誇りと責任をもって，自らの人間性と専門性の向上に努め，一人ひとりの子どもを心から尊重し，次のことを行います。

　　　私たちは，子どもの育ちを支えます。

　　　私たちは，保護者の子育てを支えます。

　　　私たちは，子どもと子育てにやさしい社会をつくります。

（子どもの最善の利益の尊重）

　私たちは，一人ひとりの子どもの最善の利益を第一に考え，保育を通してその福祉を積極的に増進するよう努めます。

（子どもの発達保障）

　私たちは，養護と教育が一体となった保育を通して，一人ひとりの子どもが心身ともに健康，安全で情緒の安定した生活ができる環境を用意し，生きる喜びと力を育むことを基本として，その健やかな育ちを支えます。

（保護者との協力）

　私たちは，子どもと保護者のおかれた状況や意向を受けとめ，保護者とより良い協力関係を築きながら，子どもの育ちや子育てを支えます。

（プライバシーの保護）

　私たちは，一人ひとりのプライバシーを保護するため，保育を通して知り得た個人の情報や秘密を守ります。

（チームワークと自己評価）

　私たちは，職場におけるチームワークや，関係する他の専門機関との連携を大切にします。

　また，自らの行う保育について，常に子どもの視点に立って自己評価を行い，保育の質の向上を図ります。

（利用者の代弁）

　私たちは，日々の保育や子育て支援の活動を通して子どものニーズを受けとめ，子どもの立場に立ってそれを代弁します。

　また，子育てをしているすべての保護者のニーズを受けとめ，それを代弁していくことも重要な役割と考え，行動します。

（地域の子育て支援）

　私たちは，地域の人々や関係機関とともに子育てを支援し，そのネットワークにより，地域で子どもを育てる環境づくりに努めます。

（専門職としての責務）

　私たちは，研修や自己研鑽を通して，常に自らの人間性と専門性の向上に努め，専門職としての責務を果たします。

こうしたことを抽象的なお題目に終わらせず，保育現場で生きて働く基準としていくための，実践的な取り組みが求められる。

4. 保育者としての免許・資格の取得

（1）幼稚園教諭

まず幼稚園教諭の要件から述べていく。幼稚園教諭の免許を規定しているのは，教育職員免許法である。この法律は，教育職員の免許に関する基準を定め，教育職員の資質の保持と向上を図ることを目的としている（第1条「この法律の目的」）。

「教育職員」とは，学校教育法第1条に定める学校（いわゆる「1条校」＝小学校，中学校，義務教育学校，高等学校，中等教育学校，特別支援学校及び幼稚園）の教諭，助教諭，養護教諭，養護助教諭，栄養教諭，そして講師である。これらをあわせて「教員」とよぶ。

教育職員はこの法律によって授与される免許状を持っていなければならない（第3条「免許」）。免許は「普通免許状」「特別免許状」および「臨時免許状」がある。普通免許状は，学校（中等教育学校を除く）の種類ごとのものとし，専修免許状，一種免許状，二種免許状（高等学校教諭は専修免許と一種免許）に区分される（第4条「種類」）。特別免許状は幼稚園には適用されない。臨時免許状は，義務教育学校，中等教育学校以外の，学校の種類ごとの助教諭および養護助教諭の免許状である。

幼稚園教諭の普通免許状は，表2－3に示すように，教育職員免許法が定める基礎資格を有し，かつ大学等の教員養成課程において所定の単位を修得した者，または教育職員検定に合格した者に授与される（第5条）。

なお，免許状の授与を受けるためには，日本国憲法2単位，体育2単位，外国語コミュニケーション2単位および情報機器の操作2単位を修得していることが求められている（教職免許法施行規則第66条の6）。

教員免許については，平成21（2009）年4月より，更新制が導入された。教

28 第2章 法的なものが求める保育者像

表 2-3 幼稚園教員の養成における教育課程

基礎資格（平成31年4月1日施行教育職員免許法より）

第1欄		第2欄	第3欄
	所要資格	基礎資格	大学において履修することを必要とする最低単位数
免許状の種類			教科及び教職に関する科目
幼稚園教諭	専修免許状	修士の学位を有すること	75
	一種免許状	学士の学位を有すること	51
	二種免許状	短期大学士の学位を有すること	31

幼稚園教諭の普通免許状の授与を受ける場合の教科及び教職に関する科目の単位の修得方法
（平成31年4月1日施行教育職員免許法施行規則より）

	各科目に含めることが必要な内容	専修	一種	二種
領域及び保育内容の指導法に関する科目	イ　領域に関する専門的事項 ロ　保育内容の指導法（情報機器及び教材の活用を含む。）	16	16	12
教育の基礎的理解に関する科目	イ　教育の理念並びに教育に関する歴史及び思想 ロ　教職の意義及び教員の役割・職務内容（チーム学校への対応を含む。） ハ　教育に関する社会的，制度的又は経営的事項（学校と地域との連携及び学校安全への対応を含む。） ニ　幼児，児童及び生徒の心身の発達及び学習の過程 ホ　特別の支援を必要とする幼児，児童及び生徒に対する理解（1単位以上修得） ヘ　教育課程の意義及び編成の方法（カリキュラム・マネジメントを含む。）	10	10	8
道徳，総合的な学習の時間等の指導法及び生徒指導，教育相談等に関する科目	イ　教育の方法及び技術（情報機器及び教材の活用を含む。） ロ　幼児理解の理論及び方法 ハ　教育相談（カウンセリングに関する基礎的な知識を含む。）の理論及び方法	4	4	4
教育実践に関する科目	イ　教育実習（学校インターンシップ（学校体験活動）を2単位まで含むことができる。）	5	5	5
	ロ　教職実践演習	2	2	2
大学が独自に設定する科目		38	14	2
		75	51	31

育職員免許法第9条「効力」によると，普通免許状と特別免許状は，「その授与の日の翌日から起算して十年を経過する日の属する年度の末日まで」有効である。有効期間の満了の際に30時間以上の免許状更新講習を受講・修了することにより，当該教育免許状はさらに10年有効となる（同法第9条の2）。

（2）保　育　士

　次に保育士について見てみよう。

　児童福祉法第18条の6において，厚生労働大臣の指定する保育士を養成する学校その他の施設（指定保育士養成施設）を卒業した者または保育士試験に合格した者が保育士となる資格を有するとされる。

1）保育士養成校における資格取得

　児童福祉法施行規則第6条の2によると，養成施設（大学・短大・専門学校など）へ入所（入学）できるのは，学校教育法による高等学校もしくは中等教育学校を卒業した者，または文部科学大臣がこれと同等以上の資格を有すると認めた者である。修業年限は2年以上なければならない。カリキュラムについては，厚生労働大臣が定める修業教科目および単位数をもち，かつ厚生労働大臣の定める方法により履修させるものであることが規定されている。また，保育士養成に適当な建物と設備をもつこと，学生定員が100人以上であること，1学級の学生数が50人以下であることが定められている。専任教員はおおむね，学生数40人につき1人以上が必要で，教員は担当科目に関する修士または博士の学位を有するか，またはこれと同等以上の学識経験もしくは教育上の能力を有すると認められた者でなければならない。また管理・維持の方法が適切であることも求められる。

2）修得すべき教科目

　では，保育士養成校で修得すべき科目，また保育士試験において合格すべき科目，つまり保育者に必要とされる知識・技能はどんなものであろうか。

　まず，保育士養成校のカリキュラムは表2-4のように定められている（平成30年4月27日厚生労働省告示第216号）。これについて，「指定保育士養成施設指

30 第2章 法的なものが求める保育者像

定基準」（平成30年4月27日付け子発0427第3号厚生労働省子ども家庭局長通知）の
「5 教育課程」の基本事項として，保育所保育指針の改定等をふまえて，次の
ようなことが求められている。

　「養護」の視点および「養護と教育の一体性」に関する内容を，個々の教科
目だけではなく，養成課程を構成する教科目全体を通じて教授すべきことが求
められている。「保育者論」においては，保育士としてのキャリアアップの重
要性，保育内容および職員の質の向上に関する組織的な体制および取組に関す
る内容，保育士として実践を振り返ること等を教授内容に含めることが求めら
れている。「子どもの健康と安全」においては，この教科目の教授内容が，保
育所保育指針，「保育所におけるアレルギー対応ガイドライン」（平成23〔2011〕
年3月，厚生労働省），「2018年改訂版 保育所における感染症対策ガイドライン」
（平成30〔2018〕年3月，厚生労働省），「教育・保育施設等における事故防止及び
事故発生時の対応のためのガイドライン」（平成28〔2016〕年3月，内閣府・文部
科学省・厚生労働省）等各種ガイドラインをふまえた衛生管理・安全管理等の広
範囲に渡るため，適切に教員を配置するよう求めている。

　選択必修科目については，18単位以上を設け，9単位以上を必ず履修させな
ければならないこととされ，「保育実習Ⅱ」と「保育実習指導Ⅱ」または「保
育実習Ⅲ」と「保育実習指導Ⅲ」の3単位以上を含むこととされている。

3）保育士試験による資格取得

　保育士資格は保育士試験に合格することによっても取得することができる。
児童福祉法施行規則第6条の9によると，これを受験できる者は以下の通りで
ある。第一に，学校教育法による大学に2年以上在学して62単位以上修得した
者または高等専門学校を卒業した者その他その者に準ずると厚生労働大臣が定
める者。第二に，学校教育法による高等学校もしくは中等教育学校を卒業した
者もしくは通常の課程による12年の学校教育を修了した者（通常の課程以外の課
程によりこれに相当する学校教育を修了した者を含む）または文部科学大臣がこれ
と同等以上の資格を有すると認めた者であって，児童福祉施設において，2年
以上児童の保護に従事した者。第三に，児童福祉施設において5年以上児童の

4. 保育者としての免許・資格の取得　31

表 2-4　保育士養成課程修業教科目及び単位数

必修科目（51単位履修）

系　　列	教　　科　　目	単　位　数
保育の本質・目的に関する科目	保育原理（講義） 教育原理（講義） 子ども家庭福祉（講義） 社会福祉（講義） 子ども家庭支援論（講義） 社会的養護Ⅰ（講義） 保育者論（講義）	2 2 2 2 2 2 2
保育の対象の理解に関する科目	保育の心理学（講義） 子ども家庭支援の心理学（講義） 子どもの理解と援助（演習） 子どもの保健（講義） 子どもの食と栄養（演習）	2 2 1 4 2
保育の内容・方法に関する科目	保育の計画と評価（講義） 保育内容総論（演習） 保育内容演習（演習） 乳児保育Ⅰ（講義） 乳児保育Ⅱ（演習） 子どもの健康と安全（演習） 障害児保育（演習） 社会的養護Ⅱ（演習） 子育て支援（演習）	2 1 5 2 1 1 2 1 1
保育実習	保育実習Ⅰ（実習） 保育実習指導Ⅰ（演習）	4 2
総合演習	保育実践演習（演習）	2

必修選択科目（18単位以上設置，9単位以上履修）及び教養科目（10単位以上設置，8単位以上履修）

			単　位　数	
			設　置	履　修
選択必修科目	保育の本質・目的に関する科目 保育の対象の理解に関する科目 保育の内容・方法に関する科目		18以上	9以上
	保育実習	保育実習Ⅱ又はⅢ（実習） 保育実習指導Ⅱ又はⅢ（演習）		
教養科目	外国語（演習） その他 体育（講義・実技）		10以上	8以上

32　第2章　法的なものが求める保育者像

保護に従事した者。そして第四に，前の各号に掲げる者のほか，厚生労働大臣の定める基準に従い，都道府県知事が適当な資格を有すると認めた者である。

　次に，保育士試験の内容であるが，これは児童福祉法施行規則第6条の10において，「保育士試験は，筆記試験及び実技試験によつて行い，実技試験は，筆記試験のすべてに合格した者について行う」こととされている。第2項では，筆記試験の科目が以下の通り定められている。

　1　保育原理
　2　教育原理及び社会的養護
　3　子ども家庭福祉
　4　社会福祉
　5　保育の心理学
　6　子どもの保健
　7　子どもの食と栄養
　8　保育実習理論

　第3項では，実技試験を保育実習実技について行うことが規定されている。

　保育士資格を取得するには，これらすべてにわたって，合格しなければならない。ただし，第6条の11に「受験科目の一部免除」の規定があり，すでに合格した科目については申請により，翌年及び翌々年に限り受験が免除される。また指定保育士養成施設において指定された科目を専修した場合，申請によりその科目の受験が免除される。

　幼稚園教諭免許状取得においては，二種免許状までの取得者が60％程度と減少傾向にあり，保育士資格の取得においては，保育士試験による資格取得者が30％以上へと急増している。こうした中，幼稚園教諭一種免許状取得の奨励や，保育士養成の見直しが始まっている。今後は，専門性の向上とともに，それに見合う資格の取得がより求められる時代となっていくだろう。

5. 保育者の研修

（1）幼稚園教諭の研修

　資格・免許を取得した時点で保育者として完成されているわけではなく，採用後の専門職的成長が重要である。そのため，現職教育として研修を行っていくことになる。

　まず，幼稚園教諭から見てみよう。教育公務員特例法では第4章「研修」として，以下のことが述べられている。

　教育公務員は，その職責を遂行するために，絶えず研究と修養に努めなければならないとされる。教育公務員の任命権者（市町村教育委員会の教育長など）は，研修に要する施設，研修を奨励するための方途その他研修に関する計画を立て，その実施に努めることが義務づけられている（第21条「研修」）。

　また教育公務員には，研修を受ける機会が与えられなければならない。教員は，授業に支障のない限り，本属長の承認を受けて，勤務場所を離れて研修を行うことができる。さらに教育公務員は現職のままで，任命権者の定めるところにより，長期にわたる研修を受けることができる（第22条「研修の機会」）。

　一般公務員の研修が勤務能率の発揮と増進に目的を置くのに比べ，教員の研修は，職責遂行のためであり，教員の権利と位置づけられる点に特色がある。

　また教育公務員の任命権者は，教員に対して，採用から1年間，職務遂行に要する事項について実践的な研修を実施しなければならない。これがいわゆる「初任者研修」である。これは体系的な研修の一環と位置づけられ，初任者には所属校の教頭，教諭，講師のうちから指導教員を充てなければならない。指導教員は教諭の職務遂行に要する事項について指導・助言を行う（第23条「初任者研修」）。なお，幼稚園及び特別支援学校の幼稚部の教諭等については，採用した日から起算して1年に満たない者に対して実施することとされている（附則第5条）。さらに，任命権者は，「中堅教諭等資質向上研修」として，「公立の小学校等における教育に関し相当の経験を有し，その教育活動その他の学

34　第2章　法的なものが求める保育者像

校運営の円滑かつ効果的な実施において中核的な役割を果たすことが期待される中堅教諭等」に対して，その職務を遂行する上で必要とされる資質の向上を図るために，個々の能力，適性等に応じて，必要な事項に関する研修を実施しなければならない（第24条）。またその際，任命権者は受講者の「能力，適性等について評価を行い，その結果に基づき，当該者ごとに中堅教諭等資質向上研修に関する計画書を作成しなければならない」（同条第2項）とされている。これらの研修の計画は，教員の経験に応じて実施する体系的な研修の一環をなすものとして樹立することが求められており（第25条「研修計画の体系的な樹立」），教員が採用時に完成された存在としてではなく，その後も成長し続ける存在であることを前提としている。

（2）保育士の研修

　保育所保育指針「第5章　職員の資質向上」において，保育士の研修のあり方等が記載されている。冒頭で，保育所は「質の高い保育を展開するため，絶えず，一人一人の職員についての資質向上及び職員全体の専門性の向上を図るよう努めなければならない」とあり，研修の努力義務が規定されている。

　「1　職員の資質向上に関する基本的事項」の「（1）保育所職員に求められる専門性」において，「子どもの最善の利益を考慮し，人権に配慮した保育を行うためには，職員一人一人の倫理観，人間性並びに保育所職員としての職務及び責任の理解と自覚が基盤となる」とし，加えて，保育士・看護師・調理員・栄養士等，保育に携わるすべての職種の職員がそれぞれの専門性を高めることを求めている。「（2）保育の質の向上に向けた組織的な取組」では，「保育所においては，保育の内容等に関する自己評価等を通じて把握した，保育の質の向上に向けた課題に組織的に対応するため，保育内容の改善や保育士等の役割分担の見直し等に取り組むとともに，それぞれの職位や職務内容等に応じて，各職員が必要な知識及び技能を身につけられるよう努めなければならない」として，チームとしての全職員での保育のあり方や，保育士のキャリア（経験や成長や昇格等）をふまえた研修を求めている。

「2　施設長の責務」では，法令遵守や施設長自身の専門性向上，専門性向上の環境確保などに加え，「職員の勤務体制の工夫等により，職員が計画的に研修等に参加し，その専門性の向上が図られるよう努めなければならない」と，研修機会を体系的・計画的に，また工夫しながら確保することを求めている。

「3　職員の研修等」については，「職場における研修」（＝園内研修）と「外部研修の活用」（＝園外研修）と分けて記載され，園内研修では「日常的に職員同士が主体的に学び合う姿勢と環境」が重視され，加えて「外部研修への参加機会」の確保が求められている。

「4　研修の実施体制等」の「組織内での研修成果の活用」において「研修で得た知識及び技能を他の職員と共有することにより，保育所全体としての保育実践の質及び専門性の向上につなげていく」ことを求めている。職員の資質向上は，保育所の中での組織的な学び合いや保育所外での学びとその組織的な共有によってもたらされるものと考えられている。

児童福祉施設設備運営基準では，第7条の2「児童福祉施設の職員の知識及び技能の向上等」において，児童福祉施設の職員は，法に定めるそれぞれの施設の目的を達成するために必要な知識および技能の修得，維持および向上に努めることが義務づけられており，児童福祉施設が職員に対し，その資質向上のための研修機会を確保することが義務づけられている。

また児童福祉法第48条の3第2項には，保育所に勤務する保育士が，乳幼児等の保育に関する相談に応じ，また助言を行うために必要な知識および技能の修得，維持および向上に努めなければならないことが示されている。

研修制度については，私立幼稚園の教諭に関する法的規定と，保育士に関する義務化が課題である。

6.　保育者の地位―「教員の地位に関する勧告」―

（1）保育者の地位

教員の地位については，国際連合教育科学文化機関（UNESCO　ユネスコ）に

よる「教員の地位に関する勧告」（1966年採択）が，重要な基準となっている。本節ではこの勧告における保育者像の特に基本となる部分を概観してみよう。

　この勧告の適用範囲は，「保育所，幼稚園，初等学校，中間学校又は中等学校（技術教育，職業教育又は美術教育を行う学校を含む。）のいずれを問わず，中等教育段階の修了までの公私の学校のすべての教員」（勧告2）となっており，保育所も含んでいる点に注意したい。

　教員の地位について国際レベルで勧告がなされるということは，解決すべき課題の種類や水準は多様であるが，教育が世界共通の課題だということである。教育によって，それぞれの国が道徳的・文化的進歩および経済的・社会的発展を成し遂げていくだけでなく，その実現が国家間・国民間の理解，相互の尊重，そして平和へとつながるという認識がここにはある。そして，教育という営みにおける教員の本質的役割と貢献の重要性の認識に基づいて，教員がこの役割にふさわしい処遇を受けることを確かなものとするために，この勧告はなされているのである。さらに現実的な要請として次の点が挙げられる。本勧告がなされた1960年代は，人材が産業界に流れ，上述のような教育の役割が十分に果たされないことが危惧されていた。そこで，人材，特に若い人材を教職に引きつけるために，教員の地位や待遇の保障が求められたのである。

　なおここで「地位」とは，「教員の任務の重要性及びその任務を遂行する教員の能力の評価の程度に応じて社会において教員に認められる地位又は敬意」と「他の専門職と比較して教員に与えられる勤務条件，報酬その他の物質的利益」の双方を指す（勧告1‐b）。

（2）保育者の地位の原則

　「Ⅲ　指導原則」として以下の七点が記されている。前半四点は教職のあり方，後半三点は教師への処遇の原則である。

　第一に，教育が，人格の円満な発達と，共同社会の精神的・道徳的・社会的・文化的・経済的進歩を目ざすとともに，人権と基本的自由に対する深い尊敬の念を植えつけるためのものであることが確認されている。そしてこれらの

価値の枠の中で，教育が，平和，すべての国家間・人種的宗教的集団間の理解・寛容・および友好に貢献することがもっとも重視されている。つまり社会の進歩や平和共存のためという点が第一義的に存在する（勧告3）。

第二に，その重要な教育の進歩が，教員に負うところが大きいことが確認されている。具体的には，教員一般の資格・能力，また個々の教員の人間的・教育的・技術的資質である（勧告4）。

第三に，教員の地位は教育の必要性に関わっている。また教員の適切な地位と，教員への公衆の正当な尊敬が，教育の目的の実現にとって大きな重要性を持っているとされる（勧告5）。

第四に，教職は明確に専門職と位置づけられている。教職は厳しい不断の研究により得られ維持される，専門的知識・技能を要求する公共の役務の一つである。子どもの教育・福祉には個人としても組織としても責任感を持たなければならない（勧告6）。

第五に，教員の養成・雇用すべてにおいて，人種・皮膚の色・性・宗教・政治上の意見・国民的もしくは社会的出身または経済的条件を理由に，どんな形の差別も受けることはない（勧告7）。

第六に，教員の勤務条件は，子どもの効果的な学習を最大限に促進し，教員がその職務に専念するようなものとする（勧告8）。

そして第七に，教員団体が教育の発展に大いに貢献するとし，教育政策策定に参加させられるべき一つの力として認められるものとする（勧告9）。

（3）保育者の自由

保育者は専門職としての自律性をもつ。

教員は職責遂行にあたって学問の自由をもつものとされている。生徒に適した教具や教授法を判断する資格を特に有しているので，教材の選択・使用，教科書選定・教育方法にあたって，計画の枠内で，かつ当局の援助を得て，主要な役割が与えられる（勧告61）。

教員を指導監督する制度は，教員を動機づけ，援助するよう計画されること

38　第 2 章　法的なものが求める保育者像

とし，教員の自由や創意を減殺してはいけない（勧告63）。

　教員を評価するには客観的で公正であることが求められる。また教員はさまざまな不当な干渉やコストから守られ，自由と創意を保障される（勧告64 - 69）。

（4）保育者の責務

　教員には自律性と地位が保障されているが，それとセットで責務も生じる。

　まず最も重要な点であるが，教員は専門職の自覚の下，職務においてできる限り高度の水準に達するよう努めるものとされている（勧告70）。

　教職の権威を保ち，職責の遂行を確保するために，倫理綱領または行動の準則が必要であり，これを教員団体が制定することとされる（勧告73）。

　当局との協力体制や，それを円滑に進める関係を築いていくことも責務として挙げられる（勧告72, 78）。

（5）保育者の権利

　教員は，自身の向上と教育活動及び社会全体のために，社会生活・公共生活に参加し，それを促される（勧告79）。

　また教員はもちろん，一般市民が享受しているすべての権利を自由に享受できる（勧告80）。

　給与や勤務条件は，教員団体と教員の使用者との間の交渉によって決定されるものとされる（勧告82）。

　つまりここでは，教員が，教員としての権利の前に一市民であり，市民としての権利を一般市民と同様に行使できるといったことが記されている。

7．これからの保育者像

　子どもの最善の利益の保障のために，子育て支援，研修による保育者の専門性の向上，保育者の他の専門職や専門機関との連携など，保育者であることには，ますます，さまざまなきまりがかかわってきている。それらのきまりの前

提にあるのは，保育者という仕事の次のような性質である。保育者は養成校を卒業して資格を得た時点で完成しているわけではない。したがって成長し続けなければならないし，そのためには自身の保育の振り返りが大切である。また保育者は一人で仕事をしているわけではない。つまり，これからの保育者として，「成長し続け，組織の一員として協働する，省察的実践者」[1] といったイメージが導かれる。

　また，保育者は専門職であるべきと考えられるが，専門職には大きく二つの意味がある。特定の領域の知識・技能を用いて課せられた業務に専従するスペシャリスト（specialist）と，自律的な判断とそれに伴う広い裁量を委ねられ，高い専門性を認められたプロフェッション（profession）である。先に述べた省察的実践者という専門職像は，ドナルド・ショーンによるものである。ショーンは対人援助の専門職の特性を省察的実践ととらえているが，これにはいくつかの意味があるだろう。

　一つは，対人援助職の実践が，「行為しながら省察している」という特徴をもつことである。保育の一つ一つの場面は，二度と同じことが起こらない「一回性」という性質をもち，さまざまな要因がかかわっているという「複雑性」をもち，そこでの保育行為の成果がすぐに明確に測ることができないという意味で「曖昧性」をもつ。だとすると保育という行為は，いま，ここでの状況と対話しながら瞬時に自律的に判断してさしあたりの“解”を導き出して試行錯誤するほかないものである。だからこそ，そうした経験による実践知を積み重ねながら成長する存在であり，組織のメンバー同士で実践知を交流させ合いながら組織として保育の質を高めていく一員なのである。つまり保育者は，与えられた問題を教えられた方法で確実に解いていくというより，自ら問題を発見し，創造的にそれらに取り組むプロフェッションであるといえる。

　もう一つは，クライアント（保育では子どもと保護者）との関係性について，経験の少ないクライアントに対して知識をもつ専門職が教えるという関係性ではなく，クライアントの知や道理を尊重し，信頼し，それらをよりよく発揮させるために支え，援助をするというクライアント主体のプロフェッションのあ

40　第2章　法的なものが求める保育者像

り方である。そのために保育者には，子どもや保護者を取り巻く状況や活用で
きる資源（同僚だけでなく関係機関や他の専門職など）を見渡して自分ができる支
援について自覚的，自律的に取り組んでいくという視点も求められる。

　より高度な専門職としての保育者，あるいはより多様化した専門職としての
保育者といった保育者像の拡大に，制度的な側面から裏付けを与えていくこと
がいっそう必要であろう。幼稚園教諭は専門の高度化に応じて専修免許・一種
免許・二種免許という等級をもっているが，保育にかかわる機能の多様化に十
分応じうるだろうか。また2年制の養成もいまだ多い保育士は，高度化はもと
より，児童福祉業務の多様化に応え得る専門性を確保できているのだろうか。
さらに，子ども・子育て支援新制度が，保育所や幼稚園などの施設の目線から
地域の子ども・子育ての支援を考えるあり方から，地域を俯瞰してすべての子
どもに不利益がないよう，最善の利益がもたらされるよう「地域を基盤とした
子ども・子育ての支援」へのシフトを促すものとなっているなか，保育者が広
い視野で子どもを保育し，保護者を支援できるかが問われるようになってきて
いる。

　こうした課題に対して，保育者の職務，養成制度，現職研修の制度，地域社
会とのかかわりや関係機関の間での連携・協働など広い視野で，諸法令等を再
編することが今後課題となっていくであろう。その際に，まずは保育者がそれ
ぞれ，現行の諸法令などから自らの役割と課題を理解し，確実な実践を重ねて
いくことが重要である。

　保育者としてのあたたかい目，熱い気持ちはもちろん必要であるし，それは
保育への意欲を促し日々の保育の原動力になっていくだろう。しかし，その前
提として冷静な目（客観的な目）で自らの職責を理解し，省みることがより重
要である。そしてその根拠として，保育に関する諸法令を理解しその精神を理
解すること，つまりリーガル・マインドをもつことが，保育者の重要な資質の
一つである。

〔引用文献〕

1）全国保育士養成協議会専門委員会編『保育士養成システムのパラダイム転換―新たな専門職像の視点から―』（保育士養成資料集第44号）p.137，全国保育士養成協議会，2006

■参考文献

・ドナルド・ショーン，（柳沢昌一・三輪建二訳）『省察的実践とは何か―プロフェッショナルの行為と思考』鳳書房，2007

第3章　先達の教える保育者像

1．西欧にみる保育の先達

（1）自然に従う教育を説くルソー（1712〜1778）

1）ルソーの幼児教育思想

　フランスのジャン＝ジャック・ルソー（J. J. Rousseau）によって，子ども が発見され，解放されたといわれているが，子どもを一個の人格をもった存在 として認め，尊重する考え方，これこそ近代幼児教育の始まりである。ルソー の思想が，のちの教育思想家たちに与えた影響は非常に大きく，現代の教育に まで警鐘を鳴らし続けている。

　ルソーの主著『エミール』（1762）は，生まれたばかりの子どもエミールを 社会から隔離して，全権を託された家庭教師によって教育させるという架空の 設定で書かれた教育論であるが，ルソーのめざした教育は，社会の中に生きる 真の「自然人」を形成することであった。ルソーのいう「自然人」とは，社会 の偏見や権威に束縛されない，みずからの目で見，みずからの良心や理性に よって判断し行動する人間であり，自我を共同体の中に埋没させてしまわない 一個の確かな人間である。ルソーは自由・平等な社会が実現すれば，真の社会 に生きる真の「自然人」が育つと考えたが，彼の生きた当時のフランスの社会 はもつ者ともたざる者の差が激しく，文化を身につけた者がそうでない者をば かにしたり，低くみる社会であった。彼の考えの根底には，そのような社会を つくり出し，支えている教育は変革されなければならないという思いがあり， 人間が自由・平等であるためにどうすればよいかということが，彼の教育思想 の中核を占めていた。

　彼は子どもについて，また子ども時代の独自の意義について，『エミール』 の中で次のように述べている。

> 大人は子どもというものをまるで知らない。……かれらは，子どものなかに，いちずに大人を求めていて，大人になる以前に，子どもがどんなものであるかを考えることを忘れている[1]。
>
> 子どもは動物でも大人でもあってはならない。子どもは子どもでなければならない[2]。

ルソー以前の中世の社会では，子どもを人格をもった一人の人間として尊重するという考え方はなく，子どもは「小さなおとな」，あるいは「不完全なおとな」としかとらえられていなかった。子どもという観念が西欧の社会に登場するのは中世末期といわれているが，「子どもは子どもであれ」というルソーの主張は当時の社会には画期的なものであった。子どもの中におとなを求めることは，おとなを基準にして子どもをとらえることであり，また，子ども時代を単におとなになるための準備期間であるように考えることである。教育の最大の誤りはここにあるとルソーはいうのである。子どもは「小さなおとな」・「不完全なおとな」でなく，その時期固有の完成と成熟がある。すなわち，おとなとは異なった子ども独自の価値と意味をルソーによって見いだされたのである。

ルソーの幼児教育思想における最も大きな主張は，"自然にかえれ"ということである。彼のいう自然とは人間の自然性のことであって，子どもの成長に伴う自然の歩みを重視し，それに応じた教育の必要性を述べている。自然の法則に従わない，それに逆らう教育に対するルソーの痛烈な批判のことばは今日の教育にそのまま当てはまる。

> 創造主の手から出るとき事物はなんでもよくできているのであるが，人間の手にわたるとなんでもだめになってしまう。人間はある土地に他の土地の産物を無理に育てようとしたり，ある木に他の木の実をならせようとしたりする。……人間は何ひとつ自然のつくったままにしておこうとはしない。人間自身をさえそうなのだ。人間も乗馬のように別の人間の役に立つように仕込まずにはおかないのだ。庭木と同じように，人間の好みに合わせて，かならず曲げてしまうのだ[3]。
>
> 子どもにあれこれ教えこんだのちに，すなわち，子どもにはわけも分からない言葉とか，子どもにはなんの役にも立たない物事で子どもの記憶をいっぱいにしてしまったのちに，人はこの人工の生き物を職業教師の手に渡す。教師はすでにはっきりした形をとって見えるあらゆる人工の芽をすっかり伸ばすようにし，すべてのこと，すなわち，自分を知ることや，自分を活用することや，生きることや，そして

自分をしあわせにする道を知ること，そういうこと以外のいっさいを子どもに教え込む。そして最後に，いっぱい知識をつめこみながら真の分別がなく，肉体も魂も同じようにひよわな，この奴隷にして暴君である子どもが世の中に投げ出されると，その無能や傲慢やありとあらゆる悪徳をさらけ出して，人間というもののあわれさや邪悪さを嘆じさせることになるというしだいである[4]。

2）ルソーの消極教育と教師の役割

ルソーは，「植物は栽培によって形成され，人間は教育によって形成される」[5]と述べ，弱いものとして生まれた人間が生きていくために必要なものを教育によって与えられるが，その教育には三種類あると説いている。「自然の教育」・「人間の教育」・「事物の教育」である。この三つの教育が一致したときはじめて，完全なる教育が行われる。しかし，それがくい違っているとけっしてよい影響を与えず，人間は自分のめざす方向に伸びていかない。三つの教育のうち，「自然の教育」（内部器官からの成熟）は，私たちの力ではどうすることもできない。「事物による教育」（経験による学習）も，ある程度しか自由にならない。私たちの手にゆだねられるのは「人間の教育」（人為的な教育）である。したがって，私たちの力ではどうすることもできない「自然の教育」に他の二つの教育を合わせるようにしなさい。そのためには，教育は「消極教育」でなければならないというのである。

ルソーのいう「消極教育」とは，外側から強制によって教える教育ではなく，子どもの内部から知りたいという欲求を起こさせることであり，真理を一方的に教えることではなく，それを発見する方法を学ばせる教育である。ことばを換えていうならば，教師中心で考えるのでなく，学ぶ主体である子どもから考えての教育の方法である。それは単に，子ども自身の成熟や経験にゆだねて，教師は何もしないほうがよいということではない。教師は，子どもの発達をよく知り，子ども自身の経験によって学習させるために周到な環境や経験構成の配慮がなされなければならないということを意味している。「消極教育」は子どもの自由性，自発性を重視することから必然的に生まれてくるものであり，ルソーは特に初期の教育は純粋に消極的でなければならないことを力説している。まさに学習の主体としての子どもの尊重，子どもの発見である。

46　第3章　先達の教える保育者像

（2）汎愛主義者と幼児遊戯場

1）汎愛主義の幼児教育思想

　17世紀後半から18世紀末までヨーロッパを支配した啓蒙主義は，従来の信仰や伝統を批判し，理性によって合理的な人間生活を確立しようとするものであった。社会は急激に変化し始め，発明と発見の時代へと移行していく。すなわち，哲学に代わって自然科学や応用科学がその真価を発揮するのである。そこにおいては人間のもつ感覚が不可欠であり，この感覚能力は個人のもつ身分や地位に左右されるものではなく，すべての人間において平等な学習の可能性を備えているのだという理論にやがて通じていく。この考えの著名な人物としてルソーがあげられるが，彼の教育思想としての合自然主義，教育方法としての自然的消極主義は，ドイツ汎愛主義者たちに多大な影響を及ぼした。

　汎愛主義とは，18世紀末から19世紀初頭にかけて，ドイツで起こった教育思想である。それは，封建的な身分制度を廃止し，市民の手による社会をつくり出そうとするもので，人類愛に満ちあふれた教育上の立場であり，貧富の差や宗派の違いにかかわらず，博愛の精神をもって子どもたちを愛護するという思想にほかならない。汎愛とは，差別することなくひろく平等に愛する，という意味である。

　新しい社会をつくり出すためには，新しい人間形成が必要であり，そのために汎愛主義者たちは，幼児期の教育に力を注いだのである。彼らの幼児教育思想の特徴は，第一に新しい人間の形成は幼児期からの新しい教育にあるとの主張であり，第二はすべての子どもが平等であるという児童観であり，第三に集団保育を重視する考え方である。

　汎愛主義の代表としてバゼドウ（J. B. Basedow）とザルツマン（Ch. G. Salzmann）があげられる。ルソーが述べた消極教育の思想を積極的なかたちに実現したのが，この両者である。

2）汎愛主義者の実践と公立遊戯場構想

　汎愛派の創始者であり，ドイツに汎愛学校を創設したバゼドウは，家庭連合による集団保育を唱えた。これは集団保育思想の芽生えともいえるが，子ども

たちは幼いときに人間の横の関係を学び，それによって将来，市民による社会の団結が実現されるという考えに基づいている。ザルツマンは，この汎愛学校で3年間教師として勤め，その後，別の所に学校を開設し，汎愛学校における教育を大いに発展させた。

　また，汎愛派の一人であるヴォルケ（Ch. Wolke）は託児所を設立した。その託児所は，当初，貧民の母親が日中安心して労働できるようにという考えで構想されたものであるが，結果的には学校への準備教育と，分別ある母親の養成にとどまり，バゼドウの家庭連合による集団保育思想の延長上にあるものとなった。

　しかし，このような思想を越える構想がヴィヨーム（P. Villaume）によって提案された。それが国家による公立遊戯場構想である。国の責任においてすべての町に公立遊戯場を設置しようとするもので，ここではどの子どもにも自由と平等が与えられ，集団的な遊び，競技，娯楽を通じて個人的な能力を高め，かつ人間関係を育てるというものである。まず，貧しい子どもたちを対象とするが，やがて保育効果が高いという評価によって，上流階級の親たちも利用し，ひいては全幼児のための遊戯場になることが期待されたのである。このヴィヨームの提案は，フランス革命議会に出された。そのときに提出された他の多くの国民教育案の中で最も急進的なものであったが，この公立遊戯場論は必ずしも幼児教育施設の設置につながらなかった。

　汎愛主義者たちは，平等な児童観を唱え，実践に移していったが，教育組織論を貫くことが不徹底であり，新人文主義の出現によりやがて汎愛学校も閉鎖される。しかし，遊びを重視し，推奨したホイジンガー（J. H. G. Heusinger）や，保育内容として作業を重視したブラーシェ（B. H. Blasche）など，汎愛主義者によって児童研究が開始され，それはフレーベルにも影響を与え，やがて19世紀末，アメリカにおける本格的な児童研究へと発展していったことは注目すべきことである。

48　第3章　先達の教える保育者像

（3）孤児の父ペスタロッチ（1746-1827）

1）ペスタロッチの幼児教育思想

　ルソーの影響を受けて出発したスイスのヨハン・ハインリッヒ・ペスタロッチ（J. H. Pestalozzi）の碑銘には次のようなことばが刻まれている。それは彼の生涯をよく表しており，子どもたちとともに生きた偉大な実践家・思想家であったことがわかる。

　　ハインリッヒ・ペスタロッチここに眠る。
　　1746年1月12日チューリッヒに生まれ，
　　1827年2月17日ブルックに没す。
　　ノイホーフにおいては貧しき者の救助者。
　　「リーンハルトとゲルトルート」の中では人民に説き教えし人。
　　シュタンツにおいては孤児の父。
　　ブルクドルフとミュンヘンブーフゼーとにおいては国民学校の創設者。
　　イヴェルドンにおいては人類の教育者。
　　人間！ キリスト者！ 市民！
　　すべてを他人のためにし
　　己には何ものも，
　　恵みあれ彼が名に！[6]

　ペスタロッチが生まれたのは，産業革命に先立つ農業革命がイギリスを先頭に西欧全域に広がっていった時代である。当時，民衆の生活は悲惨なもので，啓蒙時代とはいえ，学問や文化の恩恵を受けたのは一部特権階級であり，少数の貴族や富裕階級が，紡織を営む庶民や農民を支配していた。彼らの生活を救うこと，彼らに人間教育を与え，経済的にも人間的にも自立させることが，ペスタロッチの生涯の課題となり，そこから彼の教育実践は始まる。

　ペスタロッチは教育の目的を，愛を基盤にした諸能力の調和的発達と自立的人間の育成に置き，これまでの言語中心の知識注入主義教育を排した。彼の思いの裏には，当時の学校教育が生徒に質問し答えさせるという暗記に終始していたことへの憤りがある。彼は，暗記による教育を否定し，子ども自身の自由で自発的な教育を高く評価したのである。彼が教育の目的とする「調和的発達」とは，“頭”（知識），“心”（情意），“手”（技術）の調和を指し，その中でも特に“心”に優位を認め，それらが調和的に発達するように教育することをめざし

た。すなわち，人間の陶冶を知的・身体的・道徳宗教的陶冶に分け，それぞれの原理と方法を求めたのである。

ペスタロッチは特に母子の関係をかなめとする家庭教育を重視した。母子関係の中に道徳教育の芽ばえをみ，人間愛や思いやりの心は，生得的というよりは，母やそれに代わる人との関係の中で育っていくものだと説いた。すなわち，子どもの心に生み出される愛と信頼と感謝の芽は，思慮深い母の愛によって育っていくものだというのである。

このペスタロッチの幼児教育思想は，「居間の教育学」ということばに象徴されるように，つねに家庭における母との関連で追求されている。その原点には，神と人間の呼応関係が基礎づけられており，ペスタロッチによれば，母親に対する子どもの愛と信頼は，神に対する愛と信仰の感情の前兆であるというのである。

2) ペスタロッチの幼児観・教師像

ペスタロッチがいかに子どもをとらえていたか，彼のあらゆる著書の中にそれを読み取ることができるが，『幼児教育の書簡』(1818) には次のようなことばで表されている。

> 子どもには人間性のあらゆる能力が賦与されているのですが，そのいずれもが発達していない——まだ開いていない蕾なのです。蕾が開くと，一枚一枚の葉全部が広がり，広がらない葉は全く残らなくなります。教育の過程は，そんな風でなければなりません[7]。

ペスタロッチは，人間性のあらゆる能力がまだ開いていない蕾の状態，発達可能体であるとして，子どもをとらえた。すなわち，子どもにはすでに神によって，これから発達していく芽ともいうべき能力が備えられているので，教師が行うのはこの子ども自身のもつ内発的な諸能力の萌芽を引き出し，育てる役割にすぎないというのである。教育は何かを大人の側から与えるものではなく，子どもの内にあるものを外のものにすることだというペスタロッチの教育観・教師像は，彼のいずれの著書にも貫かれている。ペスタロッチは，貴賤貧富にかかわらず神からだれもが与えられている諸能力の調和的発展を教育の目的としたが，人間教育の基盤を何よりも愛においた。愛情こそは最高の目的を

50　第3章　先達の教える保育者像

達する容易な道であるとの考えは，彼のあらゆる実践の中に見いだすことがで
きる。

（4）オーエンの理想（1771〜1858）

1）オーエンの幼児教育思想

　ロバート・オーエン（R. Owen）の生きた当時のイギリスはどのような社会
であっただろうか。教育はいつの世も，その時代の姿の反映であり，その社会
を生きる人間を如実に写す鏡であるが，オーエンの思想もまた産業革命と切り
離しては考えられない。18世紀後半から始まった産業革命は社会の底辺に住む
一般民衆や子どもたちにさまざまな不幸な影響をもたらした。工場が次々につ
くられ，多くの労働者が都市に集中し，母親や子どもまでが長時間労働に酷使
されたのである。家庭の機能は次第に崩壊していった。このような社会状況を
背景にして，オーエンは，労働者の生活改善・労働運動を展開するとともに，
子どもの教育の問題に取り組み，企業内保育の祖といわれているように，教育
の実践に身を投じたのである。

　オーエンは，よき環境によってよき性格が形成されるという見解に立ち，悲
惨な労働者の家庭，幼児虐待労働を救おうと，1800年に工場敷地内に「性格形
成学院」（The Institution for the Formation of Character）を設立し，1816年にはそ
の中に「幼児学校」（Infant School）を開設した。オーエンの教育論，特に幼児
教育思想は，彼の唱える「性格形成論」に集約される。彼によれば，人間形成
は先天的なものと後天的なものの二重の創造過程をもつというのである。第一
の創造は，母親の胎内において本人が知らないうちに創造主によって形成され
るものであり，第二の創造は誕生後外的環境によって形成されるものである。
とりわけ，性格形成にとって幼少時における後天的なものが重要であり，それ
が永続的なものになると説いている。彼は，その教育思想を具体的に実現させ
るために，6歳までの幼児を対象にした「幼児学校」を設立し，幼児教育の実
践を推し進めた。

2)「幼児学校」における教育

オーエンは，人間の性格は置かれた環境や境遇によって大きく左右されるものであり，特に善悪は早い時期に形成されるので，よい環境のもとでよい性格をつくることが社会全体をよくすることだと考えた。その仮説を検証するための実践でもある彼の創設した学院では，当時の学校教育で伝統的になされていたこととは異なり，体罰を禁止し，主知主義を退け，言語による命令や指示，賞罰は排除され，実物と視覚で知的刺激を与えようとする直感教育がなされた。特に「幼児学校」では，ブカナンという男性とヤングという女性が選ばれて保育にあたったが，そこでは年齢によって子どもを二組に分け，第一組は歩き始めから3歳まで，第二組は満3歳から6歳までを収容し，発達段階に応じた集団的な指導がなされた。最初は遊びとレクリエーションが中心で，2歳以上になるとダンスが取り入れられ，4歳以上の子どもには，集団的な音楽活動や軍事教練，田園への散歩，話し合い，そして5歳からは作業が組み込まれた。社会の一員として生産労働に従事させるなど，親切・友愛・社会的奉仕の精神を教え，幼児期からの性格形成を「幼児学校」の大きな目標とした。体罰や厳しい教え込みの教育ではなく，なによりも子どもの自発性を重んじ，集団の中で他人とともに幸福になることをめざしたのである。この学院では，「一生懸命お友だちを幸福にしてあげましょう」ということばがいつも聞かれていたという。

オーエンはこの世に理想の社会を求め続け，社会組織の改善と教育による理想的・道徳的な社会の建設をめざした。オーエンの「幼児学校」は，1840年にフレーベルによってドイツに設立された「幼稚園」（Kindergarten）とともに，世界の就学前教育施設の先駆けとなり，幼児教育史上大きな足跡を残した。

（5）フレーベルが残した教育遺産（1782－1852）

1）フレーベルの幼児教育思想

幼児教育の先達を語るとき，フリードリッヒ・フレーベル（F. W. A. Fröbel）を忘れることはできない。ドイツに世界最初の幼稚園を創設した人として広く

52　第3章　先達の教える保育者像

知れわたっているが，フレーベル主義幼稚園は，彼の考案した恩物（Gabe）とともに，ヨーロッパのみならず，アメリカにおいても，その後の幼児教育界を支配していった。彼の思想は，18世紀末から19世紀にかけて，科学のまだそれほど発達していない時代に，ドイツロマン主義思想を背景に形成されていった。

　フレーベルの教育思想を明らかにしているものは，主著『人間教育』（1826）であるが，その中において彼は，被造物すべてのものの中に神性が宿っていると述べている。

　この神性とは，無限の可能性というべきものである。フレーベルによれば，人間のうちには神と同じように創造し，働き，表現する力が秘められている。大人だけでなく，赤ん坊も誕生と同時に活動を始めるが，これも神性の表れであり，この神性を発揮させるように援助すること，創造活動を導き出すこと，幼児の内なるものを自由に表現させることこそ，教育の仕事であると考えたのである。彼の教育原理には，絶えず自己活動が強調されている。彼は，子どもの活動はすべて創造的なものであり，しかもその創造的な活動は自己のうちに秘められた自己表現であると考え，教育における遊びと作業を重視した。特に遊びは幼児が最も自己を表現することのできる活動である，と幼児期における遊びの意味と価値とを高く評価し，それを教育の内容と方法に取り入れたのである。

　　　遊ぶこと，すなわち遊戯は幼児期の発達の最高の段階です。遊びというのは本来子どもが自分のうちにあるものを自分で自由にあらわしたものであり，自分のうちからの必要と，要求から表現したものです。それゆえに遊びは子どもの最も純粋な精神の産物であります。だから遊びは子どもにとって，それ自身喜びであり，自由であり，満足であり，平静であり，外界との平和であります[8]。

　これまでにも遊びの教育的意味について言及した思想家はいたが，フレーベルほど子どもの全生活の中核に遊びを位置づけた人はいなかった。成長発展のエネルギーともいうべきものを内部にもち，自己成長をめざす幼児の教育にあたる教師は，みずから伸びていく幼児の力を信じて，強制や干渉を避け，あくまでも見守っていく受容的・追随的なものでなければならないとフレーベルは

1. 西欧にみる保育の先達　53

強調している。彼は教師からの助言や刺激によって自分でやろうとすることこそ，本物の教育であり，本当の力，本当の知識・技術になると考えたのである。自発性をもち，連続的に発展しようとする創造的な力を有した幼児をいかに育てていくか，私たちは，Kindergarten（幼稚園）の意味と，それを支えたフレーベルの幼児教育思想を再度思い起こすことが必要であろう。

2）Kindergartenの意味と保育者

"Kindergarten"という名称を用いたのはフレーベルが最初である。日本においてそれは「幼稚園」と訳され，今日に至っているが，"School"ではなく，"Kindergarten"でなければならなかったというところに，彼の幼児教育思想をみることができる。

この名称には二つの由来があるという。第一は，幼稚園において庭を重視する考えからきているというものである。第二は，栽培原理に基づくものである。すなわち，優れた園丁（庭師）が神の加護を願いながら，その植物の本性に従って育てるという植物の生長を，幼児の成長にあてはめて，象徴的に表現したのである。"Kinder"とは「子どもたち」，"Garten"とは「庭，花園」を意味することばであるが，庭にはいろいろな種類の花や木が生えている。それらはそれぞれ違った本性をもっているが，庭全体は調和が保たれている。フレーベルは，一つ一つの植物の本性（個性）をよく知って育てる思慮深い園丁を母親にたとえた。フレーベルの"Kindergarten"は，もともと彼が設立した「幼児教育指導者講習科」の講習生のための実習の場であった。

すなわち，フレーベルが意図したのは，幼児の教育の場というよりは，子どもを愛する女性の訓練の場，教育の場であり，そこにおいて世の女性を真の母性に教育することが大きな目的であった。女性たちが自己の使命を自覚し，子どもの教育にあたるならば，ちょうどそれは自然の恵みをいっぱいに受けた庭の花や木が，経験と洞察力に富むよき園丁の世話によってすくすく育つように，子どももすこやかに成長することができると考えたのである。フレーベルは子ども一人ひとりの中に育つ力があることを信じて，その成長を援助する園丁の役割を，母親や保育者の中にイメージしたに違いない。

54 第3章 先達の教える保育者像

　フレーベルの人間教育の出発点は，幼き生命の中に秘められた無限なもの
（神性）に対する信頼と希望である。フレーベルが好んで使ったことばの中に，
"Kommt, lasst uns unsern Kindern leben！"（「さあ，私たちの子どもらに生きよう
ではないか！」）ということばがある。子どもとともにわれを生かし，われとと
もに子どもを生かす場所，これがフレーベルの考えた"Kindergarten"の意味す
ることではないだろうか。

2.　わが国における保育の理論家・実践者としての先達

（1）日本における幼稚園の生みの親中村正直（1832〜1891）

　フレーベルによって世界最初の幼稚園（Kindergarten）が誕生してから36年
後の明治9（1876）年，東京女子師範学校（現・お茶の水女子大学）附属幼稚園が
開設された。現存するわが国で最初の幼稚園である。今から130年も前の明治
初期に，日本に幼児教育の施設が生まれたことは，そこに生み出す人物の存
在，働きがあってのことである。倉橋惣三は次のように述べている。

　　我国幼稚園が，中村正直（敬宇）一人の力で創設されたとは云ひ難いが，当時に
　於ける和漢洋の大儒にして，而も端正なる人格を以って世の信望を担はれた氏が，
　率先して此の必要に着眼されたことは幼稚園発祥の気運を早めるに大いに力あった
　ことは，確なる事実であったであらう。我国幼稚園史に永久にその名を伝ふべき人
　である[9]。

　中村正直は東京女子師範学校開設時の摂理（校長）として，附属幼稚園創設
のために大きな役割を果たした。

　中村は，明治維新の革新思想をリードする人物として，福沢諭吉と並び称さ
れ，幼児教育のみならず，人間の自由と平等が守られる社会の理想像を描い
て，日本の女子教育の重要性を説き，その基礎づくりに尽力した。「彼の特色
は幼児教育論そのものにあるのではない。むしろ，幼児教育の重要性を全体的
な社会構造のうえから位置づけることに，大きな努力が払われたとみるべきで
あろう」[10] ということばの中に，彼の数々の実践が集約されるといえる。彼
は，国の文明の基礎は国民一人ひとりにあるが，一人ひとりの人間の基礎はそ

の母親にあるといい，幼児期の集団保育の意義とともに，母親の任の重要性を説いている。彼のいう文明とは，西洋に対する日本の独立という内容を含んでいたといわれているが，そこには，当時の幼稚園の保育内容や方法がフレーベルの恩物による技術主義的教育であったことに対して，西欧の外形的なものの摂取にとどまらずに，その精神をとらえようとした彼の幼児教育論が読み取れる。

（2）幼児教育の真髄を探求した和田 実（1876〜1954）

　和田実は，明治40（1907）年，東京女子師範学校附属幼稚園主事（園長）として就任し，倉橋惣三が同園主事となるまでの8年数か月の間，幼稚園の指導者として活躍し，わが国の保育界にも大きな影響を与えた。和田は附属幼稚園の前主事であった中村五六との共著『幼児教育法』（大正2〔1913〕年）の中で，遊戯が幼児の発達にとって重要な役割をもっていることを強調している。

　日本の幼稚園創草期における保育内容は，アメリカの幼稚園を踏襲するかたちでフレーベルの恩物を中心にしていたが，アメリカでは1880年代からフレーベル批判が高まり，デューイ（J. Dewey）らを中心にした児童中心主義教育を掲げる人々との論争が繰り広げられていた。日本においても明治半ばから後期にかけて，従来の恩物中心の保育に対する批判が起こった。その指導的立場にあった一人が和田実である。彼は，中村五六，東基吉とともに，恩物中心の保育法を批判し，フレーベルの教育精神に立ち返って，子どもの遊戯の生活を中心とする保育論を展開したのである。保育の方法としての誘導の意味を明らかにし，新しい遊戯論を展開したが，当時あまり理解されなかった。しかし，それは後に倉橋惣三らによって受け継がれ，大正・昭和期に実を結ぶことになる。

　和田は，幼児教育の真髄に徹した保育者こそ施設設備以上に幼稚園には必要であると考え，個人立の目白幼稚園保姆養成所を開設し，さらに，戦後1951（昭和26）年には目白保育園を創設して，幼児教育に対する情熱を燃やし続け，保育者中心・恩物中心の保育から，幼児中心・遊び中心の保育の転換をはかる先駆的役割を果たした。

56　第3章　先達の教える保育者像

（3）キリスト教精神に基づく児童中心保育の実践者高森ふじ（1877〜1969）

　高森ふじ（富士）は，児童中心の進歩主義教育（progressive education）の提唱者デューイの考えを幼児教育に実践したヒル（P. S. Hill）から直接教えを受けた数少ない日本人の一人である。彼女はアメリカのメソジスト教会婦人外国伝道協会から派遣された宣教師によって設立された活水女学校で学び，明治36（1903）年に同附属幼稚園の保姆として幼児教育者の第一歩を踏み出して以来，生涯を幼児教育にささげた人である。彼女の児童中心主義保育の考え方の根底には，キリスト教の精神があり，それはどんなときにあっても揺らぐことはなかった。明治期に高い水準の女子の高等教育を行っていた活水女学校の創設者であるラッセル（E. Russel）らの教育を通して，彼女の中に信仰と学問的情熱がつくられ，後にアメリカに留学して，その教育思想は確固たるものになっていく。

　高森は，大正4（1915）年から3年間，シカゴのナショナル・カレッジ，さらにコロンビア大学および大学院で学び，日本で最初のM・Aの学位をもった女性幼児教育者として帰国し，再び活水女学校の教壇に立つとともに，付属幼稚園の指導にあたった。やがて，大阪にランバス女学院保育専修部（現・関西学院大学）が開校されるにあたり，その重要なスタッフとして迎えられ，専修部の部長であったクック（M. M. Cook）とともにアメリカの進歩主義教育の伝統を受け継ぎ，幼児の自発活動を重んじるキリスト教精神に基づいた児童中心主義の保育を展開するのである。クックは，JKU（"JAPAN KINDERGARTEN UNION，現在のキリスト教保育連盟の母体)誌に,次のようなことばを寄せている。

　　　我々（注：宣教師のこと）が幼稚園の方針に沿って，宣教的役割を全うする前に，教育的責任を引き受けなければならない。……幼稚園は時代にあった保育をすること，そしてそれは，子どもの心と頭と手を充分に活用させられる援助を供給することである。

　"時代にあった保育""援助者としての保育者の役割"は，片腕高森ふじとともに確実に実践されていった。

　高森は，アメリカのデモクラシーの理想が幼児教育の場に生かされているヒ

ルの著書『コンダクト・カリキュラム』（A Conduct Curriculum）を『幼稚園及び低学年の行為課程』（昭和11〔1936〕年）と訳出し，アメリカの児童中心主義教育の新しい考え方を導入して，幼児の自由で創造的な自発活動を重視する保育実践を果たした。これは日本の保育史上，大きな貢献といえるが，高森は新しい保育理論の根底にあるフレーベルの真の精神を絶えず問い続けた。

（4）日本の新時代の保育をひらいた倉橋惣三（1882－1955）

　倉橋惣三は，明治末期から大正・昭和にかけて，日本の幼稚園保育の指導的立場に立ち続けた人物である。彼は東京大学哲学科（心理学専攻）を卒業後，東京女子師範学校の教師となり，やがて同校附属幼稚園主事に就任した。そこで独自の児童中心の保育理論を構築して，現場の保育者たちに大きな影響を与えたのである。和田実と同様，当時の形式化していたフレーベルの恩物一辺倒の保育を批判し，アメリカの児童中心主義の思想を消化・創造し，新しい保育方法を打ち出した。倉橋によって，外国からの輸入理論から脱却した日本独自の保育理論がつくられたといわれている。それが幼児の生活に根ざした子ども中心の保育であり，いわゆる誘導保育論である。幼児の生活を発展する可能性に満ちたものとしてとらえ，重んじ，それを援助し，誘導することが彼の保育理論の中核をなしていた。『幼稚園真諦』（昭和9〔1934〕年）の中で次のように述べている。

> 　幼稚園というところは，生活の自由感がゆるされ，設備が用意され，懇切，周到，微妙なる指導心を持っている先生が，充実指導をして下さると共に，それ以上に，さらに子供の興味に即した主題をもって，子供たちの生活を誘導して下さるところでなければなりません。ところで，設備と自由とによる自己充実から，直接の個人的充実指導位までは，家庭でもいくらか出来ることですが，誘導となると，一般家庭ではむずかしいことです。これを相当大仕掛けにやっていけることに，幼稚園の一つの存在価値があるといってよいのです[11]。

　彼はまた，「幼稚園に於いては，保姆が直接に幼児各自を教育するというよりは，つとめて幼児相互に教育せしめる方が主要」[12]であると述べ，幼稚園における集団保育の意義や仲間関係による育ち合いの重要性を説くのである。

58 第3章 先達の教える保育者像

　倉橋が，最初の「幼稚園教育要領」（昭和31〔1956〕年刊行）のもとになって
いる「保育要領」作成（昭和23〔1948〕年刊行）の中心的役割を担っていたこと
は知られているが，日本における絵本の歴史にもその名を遺している。「幼稚
園令」（大正15〔1926〕年勅令）で新たに加えられた保育項目「観察」の副読本
を目指して，昭和2（1927）年に創刊された『観察絵本　キンダーブック』（フ
レーベル館）の編集顧問を長きにわたって務めた。どの程度編集に関わってい
たかは定かでないが，第6集第1編から72歳でこの世を去る第10集第4編ま
で，母親や保育者に向けた言葉を絵本の裏表紙（奥付）に書き綴り，就学前の
幼児を対象とする月刊絵雑誌の普及発展にも貢献している。

　当時の日本の幼児教育界を優れたリーダーシップを発揮して導いた倉橋惣三
であるが，『幼稚園雑草』『育ての心』など，多くの著書を通して，今もなお現
場の保育者に保育者のありよう，保育者の役割について語り続けている。

　　　自ら育つものを育てようとする心。それが育ての心である。世にこんな楽しい心
　　があろうか。……育ての心は相手を育てることばかりではない。それによって自分
　　も育てられてゆくのである。我が子を育てて自ら育つ親，子等の心を育てて自らの
　　心も育つ教育者。育ての心は子どものためばかりではない。親と教育者とを育てる
　　心である[13]。

　心にとめておきたいことばである。

（5）家なき幼稚園運動を展開した橋詰 良一（はしづめりょういち）（1871～1934）

　大正から昭和にかけて，大阪を中心にして家なき幼稚園運動を大規模に展開
した橋詰良一は，倉橋惣三の理論を地でいく者として，当時の保育界で注目さ
れ，高く評価された。「家なき幼稚園」とは，大自然を保育室とするもので，
子どもたちを車で郊外に連れ出し，自然の中で思い切り自由に遊ばせようとす
るものであった。家なき幼稚園を計画した動機について彼自身が，『家なき幼
稚園の主張と実際』（昭和3〔1928〕年）の中に次のように書いている。

　　　ほんとうに子供を喜ばせる道，子供をよくする道は，子供同士の世界に置いてや
　　ることです。そうして子供自身に，自覚，自省，自衛，互助，互楽する世界を創っ
　　てやらなければ真の子供の幸福は望まれません。この子供を子供同士の世界に置く

2. わが国における保育の理論家・実践者としての先達　59

と云ふことが、実に私の幼稚園の第一希望に他ならないのであります。子供同士の
世界をつくるのに最もよい所は、大自然の世界です[14]。

　子どもは子ども同士の世界に住まわせることが何よりの幸福であると考え、
自動車を使って、郊外の緑地帯に子どもたちを連れて行き、自然の中で自由に
遊ばせるという露天保育を実施したのである。

　橋詰は、神戸師範学校を卒業し、一時期小学校の教員生活を送ったことがあ
るが、長い間大阪毎日新聞社の記者、後には事業部長として働いていた。けっ
して幼児教育の専門家ではなく、彼自身も「素人主義」とよんでいたが、多く
の賛同者を得て、家なき幼稚園運動はどんどん広がっていった。子どもの生活
の中に、自由な時間を保障し、自然という適当な環境に子どもたちを置くこと
によって、子ども自身が学びとっていくという考え方は倉橋の保育理論と一致
するものであり、女性や母親への啓蒙教育にも寄与するものであった。

　家なき幼稚園は、娘（注：保育者）と母のつくる子どもの国ということであ
る。子どもの国をつくるのは、建物や施設・設備などでなく、人である。現代
の私たちにも、保育の基本について考えさせるユニークな試みであったが、こ
の家なき幼稚園運動は、昭和9（1934）年、彼の死去によって終わりを告げる
ことになる。

（6）公立市民館の働きと鵜飼貫三郎（1904～1996）

　鵜飼貫三郎は、わが国最初の公立セツルメント（隣保事業）施設である大阪
市立北市民館にその半生をささげた人物である。大正15（1926）年、同志社専
門学校高等商学部（現・同志社大学）を卒業後、大阪市に就職、北市民館勤務と
なり、セツルメント事業に従事することになる。北市民館は鵜飼が就職する5
年前の大正10（1921）年に、米騒動の際、各方面から米の廉売資金として受け
た寄付金の剰余金をもとに設立され、初代館長は志賀志那人であった。北市民
館がある場所は通称天六（天神橋筋六丁目）とよばれており、今宮、釜ヶ崎とと
もに貧民街を形成していた。しかも、大正期を通じて急速に発展し、日本にお
ける商工業の中心地であったために、労働問題や社会問題も深刻であった。

60 第3章 先達の教える保育者像

　大阪の市民館は，戦前において14施設開館したが，その中で北市民館は最初の公立セツルメント施設として，長く指導的役割を担ってきた。初代館長の志賀は，神戸の貧民街でセツルメント活動をしていた賀川豊彦が消費協同組合をつくったように，「保育組合」という新しいかたちの保育事業を始めた。「保育組合」とは，母親が自分たちで組合をつくり，協同で子どもをあずかるというものである。北市民館の場合，一口30銭で生活程度に応じて保育料を出す仕組みであった。親同士で組合をつくって，所得に応じて保育料を決めるという，当時としてはかなり進んだやり方であった。その時の「趣意書」（大正14年〔1925〕）は次のようなものである。

　　　一口に子供の守と申しますが，これ程重大な事はないと思います。ところが私共の家庭では忙しいやら手不足やらで子供の守をおろそかにして，玉にも宝にも否わが身に代へても惜しくないわが子の一生を台なしにしてしまう事がままあると思います。然し今日の時勢では自分の家庭の力だけでは子供を立派に育て上げる事は困難です。どうしても貧富の別なく隣近所の人々が力を合わせて懸らなければ駄目です。……私共はここにお母様お姉様の協力を求めます。同感の人々はお集まり下さい。皆様の心と力とを一つにして協同で子供を保育し，その幸福を増進するに必要な事業を致しましょう。そしてよき子供の国を皆で建設しましょう[15]。

　そこでの保育内容はフレーベルの思想などを取り入れて斬新な保育をしていた，と当時保母であり，後に貫三郎の妻となる百合子は語っている。鵜飼は，戦前においては初代館長とともに，大阪の貧しい人々のために尽くし，戦後は第7代館長として最も困難な時期に，その発展のために重責を果たしたのである。昭和27（1952）年，貫三郎は北市民館を勇退し，その退職金を保育所づくりの資金にあて，当時保育所が一つもなかった大阪府池田市に妻百合子とともにさつき保育園を開設した。敗戦を経由して，身近にみた子どもたちの幸せのためにという思いが，保育所設立へと向かわせたのである。北市民館は，昭和57（1982）年，その使命を終えたのか幕を閉じた。

（7）米国婦人宣教師たち

　日本における私立幼稚園誕生の背景には，米国から派遣された婦人宣教師た

ちの大きな働きがある。女子教育および幼児教育の種は彼女たちによってまかれた。幼児教育の萌芽は明治初期の女子教育と密接に関連があり，宣教師，特に婦人宣教師の活躍なくして，その普及や発展は実現しえなかったといえる。これらの婦人宣教師と親しく接し，学んだ人の中から日本の幼稚園教育や児童福祉の実践者が多く登場していることは，彼女たちの果たした役割の大きさ，影響の大きさを裏づけるものである。例えば，明治4（1871）年に三人の婦人宣教師の手によって横浜に開設されたアメリカン・ミッション・ホーム（「亜米利加婦人教授所」，現・横浜共立学園）で学んだ生徒の中に，横浜の貧しい地域に託児所を設立した児童福祉事業の先駆者二宮わかや，わが国最初の私立幼稚園の創始者桜井ちかがいる。またホームの生徒募集案内を書いた東京女子師範学校の初代校長中村正直も婦人宣教師の人柄，教育に心を動かされ，自分の娘を入学させている。また同校附属幼稚園の初代監事（園長）である関信三とも交友があったという。

　アメリカン・ミッション・ホームを設立した婦人宣教師らは，米国婦人一致外国伝道協会（The Woman's Union Missionary Society）から派遣された宣教師である。この協会は，東洋の婦人と子どもの伝道・教育・福祉を願って設立されたもので，外国に婦人宣教師を派遣しようとするミッションボードであった。安政6（1859）年に幕府が横浜，長崎，函館を開港したが，開港間もない横浜では外国商人と日本人の間の混血児が社会問題となり，当時来日していた宣教師バラ（J. H. Ballagh）が心を痛め，アメリカのキリスト教会に訴え，この訴えに応じたのが米国婦人一致外国伝道協会であった。

　明治19（1886）年にはミス・ポートル（F. E. Porter）が金沢に英和幼稚園（現・北陸学院幼稚園）を，明治22（1889）年にミス・ハウ（A. L. Howe）が神戸に頌栄幼稚園を，明治24（1891）年にミス・ゲーンス（N. S. Gaines）が広島で広島英和女学校附属幼稚園（現・広島女学院ゲーンス幼稚園）をそれぞれ開設している。その後も，私立幼稚園は次々に設立されていくが，幼稚園と同時に，明治22（1889）年に開設された頌栄保姆伝習所をはじめとして，明治39（1906）年までに7つの保姆養成機関が婦人宣教師たちによって設立された。特にハウ

62　第3章　先達の教える保育者像

の果たした日本における功績は大きく，明治20（1887）年の来日から引退帰国するまでの約40年もの長きにわたり，フレーベル理論の現場への導入や水準の高い保育者養成への画期的な実践は，これから後も長く語り継がれるものである。

　米国の婦人宣教師たちが派遣された当時の日本の社会は，キリシタン禁止令が撤廃されたといっても，キリスト教に対する偏見は根強くあり，宣教師たちは，生活においても，仕事においても苦しい困難と戦わねばならなかった。ことばや習慣の不便さを顧みず，見知らぬ異国の地に単身で来日した若い婦人宣教師たちの働きは使命感があってのことであるが，彼女たちによってまかれた小さな種は実を結び，現在の日本の幼児教育や保育者養成の中に，今なお息づいているといえるだろう。

3.　子どもとともに生きた保育者

（1）幼稚園の歴史・足跡から
1）豊田芙雄（1844～1941）

　豊田芙雄は，東京女子師範学校創立と同時に，同校の読書教員として就任しその後，附属幼稚園の開設とともに最初の保姆となった。園長である関信三を支え，幼稚園創立期の保育実践にあたったが，主任保姆はフレーベルに学んだドイツ人の松野クララであり，保育内容のすべてを外国の翻訳本に頼っていたこともあって，その労苦は想像以上であったと思われる。彼女は附属幼稚園在任中に，実践記録をもとに『保育の栞』という手記を書いている。保育実践者が書いた「わが国最初の保育論として唯一の貴重な記録である」と倉橋らは評価しており，そこには幼稚園の趣旨をはじめ，保姆の資格・保姆の心得・開誘（保育）の方法などが記されている。

　例えば，保姆の心得について，「幼児我意を言ふ時は余り烈しからず堅固に弱みなく温和に諭すべし」「保姆はなるたけ児童に適当する言語を以て説話するは最もよき事なれども，世に所謂片言をば言ひ語るべからず。通常簡易に正

しく言ふべし」[16] など25条にわたって，若い保育者へのアドバイスともとれる
内容が綴られている。わが国の幼稚園出発の基礎づくりは，学識人格ともに秀
でた豊田芙雄の献身的努力があってこそだと伝えられているが，彼女は保育実
践のみならず，派遣された見習生の教育にもあたった。

2）野口幽香（のぐちゆか）（1866〜1950）

　二葉幼稚園の創設者の一人野口幽香は，自ら子どもたちとともに生き，暮ら
した保育の実践者であり，福祉事業の先駆者である。後に二葉保育園に改称さ
れるが，明治期に日本で初めて，福祉的性格を備えた幼稚園がつくられたこと
は意義深い。名称は幼稚園であったが，今日でいう保育所の性格をもってい
た。資本主義社会のひずみにより，都市ではスラム化が起こり，子どもたちは
危機的な状況にさらされていた。当時，華族女学校（女子学習院の前身）附属幼
稚園に勤務していた野口と森島峰は，そこでみる貧児と，附属幼稚園に通う子
どもたちとの落差に驚き，憂い，幼稚園の開設を決意したのである。

　明治33（1900）年，二人が共同して小さい古家を借り，二葉幼稚園を開設さ
せたが，当初は附属幼稚園での勤務を終えてから，交互に隔日に二葉幼稚園に
かけつけたという。一日7〜8時間という長時間の保育により，父母の養育に
おける負担を軽減させ，彼らの日常生活に根ざしたところから貧困問題を改善
しようとした。また，そこでは彼女たちの理想であったフレーベルの精神に基
づく遊びを中心とした保育を展開した。いかに生活が貧しくとも，その貧しさ
にとどまるのでなく，いかにして心豊かに生きていくことができるかが重要で
あるが，彼女自身それを願い，実践した。自然を愛し，保育室には絶えず花が
飾られていたという。幼児の情緒的発達に尽力し，幼児と母親の福祉，教育に
生涯をささげたことは特筆すべきことであろう。

　東京女子師範学校附属幼稚園に保姆として勤務した年から数えて45年後の昭
和10（1935）年に，徳永恕（ゆき）にいっさいをゆだねて引退した。

3）甲賀ふじ（こうが）（1856-1937）

　野口幽香や徳永恕もキリスト者であったが，甲賀も明治期に宣教師グリーン
（D. C. Green）から洗礼を受けたヒューマニズムと善意に満ちた信仰者であっ

64　第3章　先達の教える保育者像

た。神戸英和女学校（現・神戸女学院）を卒業後，しばらく学校に残り生徒指導にあたっていたが，後に保育を学ぶために米国に留学し，そこで幼稚園保姆の資格を取得した。外国で学び，資格を取得した留学生は甲賀が日本人では初めてである。留学したのは明治20年という今から100年以上も前のことであり，甲賀の学びへの柔軟な姿勢と情熱をうかがい知ることができる。2年後に帰国した甲賀は，ミス・ハウによって始められた神戸の頌栄幼稚園に勤め，9か月後には新設された広島英和女学校（現・広島女学院）附属幼稚園の最初の主任保姆として迎えられる。それは，クリスチャン保姆を求めていた当時の広島英和女学校の校長ミス・ゲーンスの強い要請と，ハウの推薦で実現したことである。同校の保姆師範科において保育実習を担当し，ゲーンスのよき片腕となって働き，甲賀のもつ新しい知識と経験は教育の中に生かされていった。久留島武彦（口演童話家）が，関西学院普通部の生徒であったときにこの幼稚園を参観し，子どもたちにお話を聞かせる甲賀をみて，幼児教育の重要性を感じ，童話教育家になる志をもったといわれているが，彼女は特にお話が上手だったと伝えられている。

　甲賀はその後何度か渡米している。一度は明治30（1897）年，6年間ハワイのホノルルで幼稚園教育に従事した後，再び幼稚園事業研究のために留学し，ボストン師範学校およびシカゴ大学で学んだ。そして大正8（1919）年，米国の児童教育の実態を視察するために5回目の渡米をした。甲賀63歳の時である。絶えず学び続け，幼児教育の発展のために研究を重ね，それを保育者の立場で実践し続けた。日本女子大学附属豊明幼稚園の設立にも尽力し，初代主任保母として活躍するなど，幼稚園教育の発展に開拓者的役割を果たした。

4）岡　政（1887〜1975）

　岡政は，和田実や倉橋惣三らによる誘導保育理論を，生涯にわたり実践し続けた保育の第一人者である。明治41（1908）年，東京女子師範学校保姆科を卒業した後，岡山県師範学校附属幼稚園主任保姆となる。彼女の在学当時より，日本の保育界では一つの変化がみられた。それは，保育界の関心や研究の目が，幼稚園の経営・管理から幼児そのものに向けられるようになったというこ

とである。このような時代的背景の中で，岡自身も少なからず影響を受けている。保育者は明確なねらいをもちながら環境を準備する。幼児は，この環境に自発的にかかわりながら活動を展開し，保育者は個性を配慮しながら適切に援助を行うという倉橋の理論は，彼女の手によって，従来の知識注入型であった附属幼稚園の保育内容を一変させた。まず，教師用の黒板や教卓は取り払われた。幼児の自由な活動を妨げる時間を区切っていた鐘の合図もとりやめ，学級制を廃止し，幼児に園の施設すべてを開放したのである。彼女の保育実践の根底には，幼児の自然性と個人差を重視するという提言が含まれている。

　昭和に入ってファシズム（全体主義）の勢力が増大する中，岡の保育は批判され始め，昭和8（1933）年，病に倒れ退職する。しかし，戦後ふたたび，倉敷市所在の御国幼稚園の保姆となり，最後まで保育の実践者として子どもとともに生きたのである。

（2）保育所の歴史・足跡から
1）赤沢鍾美（1867～1937）

　赤沢鍾美は，明治23（1890）年，託児所を妻ナカ（仲子）とともに創始し，わが国最初の保育所として今日の保育事業に発展する糸口を形成した。彼は最初小学校の教師であったが，親代々私塾を営んでいたので，彼自身も公職を辞し，自宅で開いていた私塾に専念することにした。

　「新潟静修学校」という名の彼の私塾には，貧しい子どもたちが多数来ており，中には父母が労働に従事するため，幼い弟妹を背負ってくる生徒もいた。妻ナカは，生徒の勉強の妨げにならないようにと，別室で乳幼児の世話をし，おやつや玩具を与えたり，歌を教えたりした。すべて夫婦の善意と奉仕によって行われたのである。無料で始められたものであったが，その後，これを伝え聞いた貧しい人々が行商や仕事をするのに足手まといの乳幼児を託したことから，次第に幼児数も増加し，赤沢も乳幼児をあずかる仕事に専念することになる。

　静修学校内で始められた夫妻によるこの事業が，後に「守孤扶独幼稚児保護

66 第3章 先達の教える保育者像

会」として発展し，常設されたわが国最初の民間の保育所だといわれている。公立の託児所は，それから数えて29年後の大正8（1919）年に，満2歳以上の幼児を対象に大阪で開始された。夫婦の善意と奉仕のもとに始まったこの事業はやがて託児所となり，今日の公的な保育事業へ発展する端緒となった。

2）徳永恕（1887〜1973）

徳永恕は，野口幽香の設立した二葉幼稚園の2代目園長であり，日本における保育事業を改革した社会事業家である。明治42（1909）年に二葉幼稚園の保姆，翌年には主任保姆となり，「二葉の大黒柱」と野口から高く評価された。

大正4（1915）年，二葉幼稚園は二葉保育園と改称されるが，これは当時「幼稚園保育及設備規程」（明治32（1899）年省令）によって，対象年齢や一日の保育時間（5時間以内）が決められていたので，このような規程に縛られたくないという意味もあって名称を変更している。ここでは3歳以下の乳児からあずかり，長時間保育，給食を行うなど，貧民街の人々の実情にこたえていくものであった。さらに父母からの強い要望により五銭食堂なるものも設置し，食事にも事欠く地域社会の人々に貢献したのである。また保育園に併設して母子寮を設け，母子家庭の救済に力を尽くした。少年少女クラブ（学童保育），夜間診療なども実施されることになった。彼女は時代の流れに即して，保育事業を絶えず社会事業に拡大し，実践した人物である。昭和6（1931）年に野口の後を受けて二葉保育園の園長となり，86歳で没するまでの間，幼児教育における養護的役割を担い続け，しかも社会的地位や名声に見向きもせず，ひたすらその生涯を保育にささげ，貧民街の片隅で一生を終えるのである。

3）冨田象吉（1878〜1943）

わが国における児童福祉事業の先駆者である石井十次の名はよく知られているが，その弟子である冨田象吉については，石井の名ほど広く知れわたっていないかもしれない。しかし，彼の貴い働きは今もその地に住む人々の心に刻まれている。明治40（1907）年，石井十次の講演を聞き，彼の信念に共鳴した冨田は，すぐさま岡山孤児院の職員となった。そして2年後には，大阪のスラム街の一つである愛染橋地区に開設された分院の愛染橋保育所および夜学校の主

任に任命される。大正3（1914）年，石井の死去により，岡山孤児院は閉鎖され，大阪分院は「石井記念愛染園」として独立し，冨田自ら初代園長となって，新しい歴史を刻んでいくことになる。

　冨田らの努力によって，附属小学校（尋常・高等）と私立愛染幼稚園が新たに誕生し，"保育所（乳児から3歳未満まで）→愛染幼稚園（3歳以上学齢まで）→附属小学校"という一貫した教育体系がつくられた。保育内容は，恩物の使用や手技が行われ，一日に30分から1時間が費やされた。またお話の時間は週に2回行われ，園外保育という観察活動もあり，唱歌は毎日30分程度，自由遊びは毎日重視され，会集や午睡も必ず実施された。貧しい子どもたちにも同じようによい教育を受けさせたいという彼の気持ちがよく表れている。冨田は子どもたちに，ことばよりも自らの行動や態度で教えたという。そのことは，彼が石井について語っていることばで理解できる。

　　　先生（石井十次）は常に「耳から教育することを避けて，眼から教育せよ」と云ふことを総ての職員に申し聴かして居られた。その意味は，斯く斯くせよと命令する耳の教育を避けて，教へんとする事項をば教師が自ら活動し，自ら実行する事に依って自然に児童をして其の後に追従せしめよとの意味である[17]。

　師である石井十次と冨田象吉は，ペスタロッチとフレーベルの関係にたとえられる。すなわち，石井の育児事業（孤児教育）から冨田の保育事業（幼児教育）への展開であると，歴史の流れの中で受けとることができる。

4）秋田美子（1907〜1967）

　秋田美子は，昭和3（1928）年，日本女子大学社会事業部を卒業の後，生涯保育所保育に従事し，全国規模において，保育所における保育内容の充実と制度的発展に貢献した保育実践家である。

　彼女の保育界における貢献の中で，とりわけ注目すべきことは，保母の社会的地位を高めるための活動であり，保母資格取得の養成所設立にあたっても大きな役割を果たした。昭和21（1946）年に，東京都公立保育園の職員らとともに東京都保育研究会を発足し代表者となる。昭和23（1948）年，日本保育学会が発足されると同時に，シンポジウムの提案者として招かれ，保育研究における現場での実践の重要性を説くなど，現場の立場から保育研究にも積極的に寄

68 第3章 先達の教える保育者像

与した。また，現在の保育所におけるカリキュラム研究の基礎づくりにも貢献
し，最初の「保育所保育指針」作成においても，研究委員の一人として大きな
役割を果たしたことが伝えられている。

　昭和29（1954）年より港区白金保育園に園長として就任するが，ここでの最
大の仕事は園舎の改築であり，その自由な発想と特徴は多くの人から注目さ
れ，全国からの見学者が後を絶たなかったという。よりよき保育のために絶え
ず研究を重ね，それを実践することに時間と労力を惜しまなかった秋田美子も
また，保育の歴史の中にその足跡が残されている。

〔引用文献〕
1）　ルソー，永杉喜輔・宮本文好・押村襄訳『エミール』p. 8，玉川大学出版部，1965
2）　同上　p. 70
3）　同上　p. 13
4）　同上　p. 27
5）　同上　p. 14
6）　荘司雅子編『幼児教育の源流』p. 115，明治図書，1976
7）　ペスタロッチ，田口仁久訳『幼児教育の書簡』p. 30，玉川大学出版部，1983
8）　荘司雅子『フレーベル教育学への旅』p. 111，日本記録映画研究所，1985
9）　倉橋惣三・新庄よしこ『日本幼稚園史』p. 337，フレーベル館，1934
10）岡田正章・宍戸健夫・水野浩志編著『保育に生きた人々』p. 16，風媒社，1971
11）倉橋惣三『幼稚園真諦』（倉橋惣三選集第1巻）p. 45～46，フレーベル館，1965
12）倉橋惣三『婦人と子ども』第14巻第4号，p. 229，フレーベル会，1914
13）倉橋惣三『育ての心』（倉橋惣三選集第3巻）p. 12～13，フレーベル館，1965
14）10）と同書　p. 272～273
15）鵜飼貫三郎『大阪市北市民館回想』p. 277，信州白樺，第59・60合併号，1984
16）宍戸健夫・阿部真美子編著『保育思想の潮流』p. 65～66，栄光教育文化研究所，
　　1997
17）10）と同書　p. 180

■参考文献
・金沢勝夫・下山田裕彦『幼児教育の思想―ギリシアからボルノウまで』川島書店，
　1974
・藤永保・三笠乙彦監修　幼児開発協会編『幼児教育を築いた人びと』春秋社，1985
・飯島篤信『教育思想史』法政大学出版部，1965
・小川正通『世界の幼児教育』明治図書，1966

3. 子どもとともに生きた保育者　69

・田中未来『「エミール」の世界』誠文堂新光社，1992
・荘司雅子編『幼児教育の源流』明治図書，1976
・岡田正章・宍戸健夫・水野浩志編著『保育に生きた人々』風媒社，1971
・岡田正章・川野辺敏監修『世界の幼児教育2　日本』日本らいぶらり，1983
・岩崎次男・天野正治監修『世界の幼児教育5　ドイツ』日本らいぶらり，1983
・岡田正章責任編集『幼児保育小事典』日本らいぶらり，1979
・『キリスト教保育に捧げた人々』キリスト教保育連盟，1986
・小林恵子『日本で最初の私立幼稚園の誕生に貢献した婦人宣教師—アメリカン・ミッション・ホーム（現・横浜共立学園）を起点として—』国立音楽大学研究紀要　第18集，1983
・小林恵子『日本の幼児教育につくした宣教師　上巻』キリスト新聞社，2003
・鵜飼貫三郎『大阪市北市民館回想』信州白樺，No. 59・60合併号，1984
・『聖和保育史』聖和大学，1985

第4章　幼稚園における保育者の役割

1. 生活による教育をつくり出す

　小学校以上の学校教育が，教科別カリキュラムによって系統的に組織された教育内容を教授する性格をもつのに比べて，幼稚園は，生活を通してよりよい生活を創造するという特徴がある。つまり，生活している環境や他者と関係を結んでいく状況の中に教育内容を埋め込んで，幼児がそこにかかわり身体を通す経験によって発達を助長するのである。こうした自然な教育の方法は，幼児の自我を芽生えさせ，人間の生き方そのものの基礎を培ううえに有効で意義深いものであるだけに，保育者の人間性，専門性，モラールの高さが問われる。

（1）生活を通して生きる者

　幼稚園という集団生活の場で，幼児は保育者や仲間が行う所作，ふるまい方ややりとりのしかたをまねながらそれを体にしみ込ませていく。保育者が「それでえ」と語尾上がりのことばを使えば幼児もまねる，足で積み木を片づけると幼児も足を使う，戸外で遊べば幼児も戸外が好きになる，切り落としの紙を拾ってふたたび使えるように整えておけば幼児も物を大切にする，詩を好んでうたえば幼児も詩人になる。幼児は知らず知らずのうちに保育者の言動を模倣し取り込んでいくからである。

　生活を"通し"て互いに感化し合いながら生きる者は，己の言動がモデルになって協同の世界をつくり出しているという自覚が必要である。つまり，環境を通して行う教育とは，生活という営みの場で生み出される，物や空間や時間と人とがつくり出す行為や意味を，体にしみ込ませていく教育だからである。みなさんは，朝起床し洗面して身支度する行為や，就寝する一連の行為などは無意識のうちにできるだろう。それは体にしみ込んで（馴化）いるからであ

72 第4章 幼稚園における保育者の役割

る。話しことばも養育者とのかかわりの中で自然に覚えただろう。あいさつを
する，傘をたたむ，靴を揃える，状況を読むなどの馴化した行動は，学校の教
科書で習ったことではなく生活の中で身につけたことであり，そこには日本の
文化や道徳観などが反映されている。

　このように生活を"通す"保育は，保育者のものの見方，感じ方，考え方や
生き方などの価値観がにじみ出る世界であり，大人が未熟さを隠しても繕って
も，ほんものを敏感にかぎつける子どもには通用しない世界である。全我をぶ
つけて生きている子どもたちを，"幼いからわからないだろう"などと侮った
ら相手にしてもらえない。

　結局，自分をさらけ出して生きるしかない。しかし，さらけ出して生きられ
るだけの自分をつくることは容易ではない。己を直視し，虚飾を廃し，全我を
没入して未熟さをさらけ出せるようになるためには，心が自由でなければでき
ないからである。保育者は，自己防衛に汲々とすることなく，偏見にとらわれ
ない本質を見極める知性と心の伸びやかさをもって，日々，己を高めていく喜
びがにじみ出る人でありたい。

（2）生き生きしさを発信する者

　人はだれでも，生き生きした人と人生の時間をともにしたいと願っている。
まして発達途上にある好奇心旺盛な子どもたちは，同じように好奇心旺盛な生
き生きした保育者を求めている。この保育者の生き生きしさが，生活による教
育をつくり出すといっても過言ではない。その保育者の生き生きしさはどこか
ら生まれるのだろうか。

　一つは健康である。保育は文字どおり保護・育成する作用をあわせもつもの
であり，幼児の命の安全を保障し，心身の健康を維持，増進する仕事である。
一般の人々が冷暖房完備の空間で暮らす際にも，保育の世界は自然のままの状
態を保持していく。冬は雪や氷で遊び，真夏は太陽と水で遊び，発汗作用や収
縮作用によって自分で体温を調節して寒暖差に適応し，自然界と共存する可能
性を広げて，幼児はみずからの生命力を強めていくのである。そうした自然な

環境の中で，一人の保育者が数十人の幼児の命をあずかり，将来の健康生活を保障する礎を築くことはなみたいていのことではない。

　保育者の不注意でぶらんこから落下して骨折した，滑り台に結わえてあったロープで首を締め窒息死した，遠足で迷子を出し交通事故にあったなどということが発生したら一生悔いを残す。たとえ大地震などの非常事態が発生しても，子どもの命だけは守るという強い意志と，それを可能にするみずからの健康を保持しなければ，生き生きしさは生まれない。

　二つ目に，にじみ出るリズムである。立ち居ふるまいに活力がみなぎり，そこにいるだけで雰囲気を明るくする人がいる一方で，そばにいると疲れを感じる人がいる。子どもは疲れを感じる人の脇には寄ってこない。活力がみなぎる人は，快のリズムをもっている。静と動，緊張と解緊，集中と拡散といったリズムを自然に生み出し，心を伸びやかにしながら時間を使う。惰性を意識的に乗り越え（脱馴化），快のリズムをつくり出す知恵がある。朝の出迎え方でも，1輪の野の花を飾って会話をつくり出したり「おはよう」「お・は・よう」とリズミカルに応答したり，子どもの情報をキャッチしたりと，日々，新鮮な出会いをつくり，生き生きしさを発信できるのである。

　生き生きしさの三つ目は，遊びのおもしろさに興じる保育者である。子どもを遊ばせる保育者はたくさんいるが，遊ばせる保育者に生き生きしさは生まれない。子どもの遊びのおもしろさに興じる保育者になることである。良寛は「ひふみよいむな　汝つけば吾はうたひ　吾がつけば　汝はうたひ　つきてうたひて　霞立つ　長き春日を　くらしつるかも」[1]と，日がな子らと遊びほうけたという。ともにいることを子らに受け入れてもらえる魅力があったのである。

　子どもは過去を生きるより，現在をつくりつつ未来に生きる。未来を楽観的に描けなければ，あの内からわき出る強いエネルギーは引き出されないだろう。未来を生きる子どもと暮らす保育者もまた，夢や希望に生きる人である。子どもが「ウルトラマンになりたい」と夢見たとき「それは空想の物語で無理よ」といったのでは保育にならない。「うん，ウルトラマンになろう」と変身

74　第4章　幼稚園における保育者の役割

する素材を提示し，アイデアを提供して，いっしょにウルトラマンになって遊び興じる人でなければ，子どもは親しみを寄せない。子どもと一日中遊んでも飽きることなく，また次の夢が生まれる。そんな暮らしの創造者になることによって生き生きしさが生まれる。

（3）生活による芸術を楽しむ者

　子どもは偉大な芸術家である。2，3歳ころからの著しい象徴機能の発達や表現欲求の高まりは，生活による芸術を生み出す。小さな芸術家と暮らす保育者もまた芸術家でありたい。

　台風の過ぎ去った庭は，子どもの空想の世界を広げる。水たまりに澄んだ青空が映っていると「ほら，見て，鏡だよ」，「青い鏡の奥には青い世界があるの」と表現する。嵐で倒れた丸太が横たわっていると「魔女の住む森よ。怪獣がやってきたの」と，物語が生まれ詩が生まれる。保育者は魔女の森や怪獣を演出して，子どもとともに森のオブジェをつくり歌を創作して楽しむ。そこには芸術家たちのざわめきがある。

　また幼児は，自然界にあるもの，そこで起こる事象や現象などを，自分の知っている世界とつなげて意味づけようとする。道ばたの名も知らない花を目玉焼きと名づけたりふらふら草とよんだりする。すでに学名や生態系の知識を獲得してしまったおとなには，そんな詩的な言葉は生まれてこない。そして「水たまりに空が映っているのよ」，「アレチノギクというのよ」などと応じて子どもの思考の世界を壊してしまう。

　即興で物語をつくり色や形をつくり音やリズムをつくっていく子どもたち。保育者がその流れに乗っていくには，相当な力量がいる。『窓際のトットちゃん』[2]の先生である小林宗作は，「保育は芸術なり。音楽，舞踊などの芸術より一段と高い偉大なる芸術なり」[3]として，子どものもつ豊かな表現力に共鳴する実践家であった。生活による芸術は，絵画や製作，音楽の時間の中にあるのではない。子どもの遊びや生活の中にあるのである。

　季節の花や草をいける，整理整頓に必要な表示をデザインして掲示する，遊

具をデザインする，黒板絵を描く，植物や花で染色する，子どもの生活を紙芝居にする，絵本にする，素話や物語にする，そして子どもの生活から生まれるリズムや音の組み合わせ，歌や身体の表現を遊びとしていく。あるいは，ごっこ遊びの衣装や道具，演じる空間，劇表現の舞台や小道具，そうしたものも生み出していく。こうした創造的な役割が求められるのは，まさに小さな芸術家と暮らす仕事のためである。

2. 豊かな経験内容を織りなす

　子どもの発達の実体は，その子自身が経験し獲得した内容である。森有正が「一人一人が自分の経験をもっていて，その経験は他の人の経験と置きかえることができない。ある一人の人間ということと，ある一つの経験ということは全く同じことであり，そのある一つの経験というものは，一人の人間というものを定義する」[4]というように，環境への直接的なかかわりから幼児が体を通して得たことがその子の経験となっていくのであり，その経験がその幼児の発達を方向づけるのである。生活をつくるとは，子どもの経験内容をつくり出すということであり，保育者ができるのは，よりよい経験内容が得られるような環境を創造し，幼児の自己活動を支えていくことである。

　人間の属性・関係性などの概念は幼児期の生活や遊びによって形成される。感性などの"知"の構造は，直観的な体験を豊かにして自分の内面に心象風景を築き上げることによって磨かれる。『センス・オブ・ワンダー』[5]にみるように嵐の夜の海辺の風景を目に焼きつけ，耳で猛り狂う音を聞き，肌で海水の飛沫を感じ，海の香りに浸るからこそ，生きている海を感じるのである。また"関係"の構造は対物，対人とのかかわりの中で把握されていく。自分を中心軸にして関係の編み目をつくっていくのである。"美醜"の構造なども，生活や物語の世界などからとらえ，生と死，悲劇の構造，勧善懲悪の世界観などを概念化していく。

　このように，生活による教育は，人間の世界観（概念）や，思考様式，行動

76　第4章　幼稚園における保育者の役割

様式の根幹を形づくるだけに難しさもあるが，そこに幼児教育のおもしろさが
あるのである。

（1）経験内容とは

　時間泥棒に追いかけられた『モモ』[6) の話の中に「時間とはすなわち生活だ
からです。そして，人間の生きる生活はその人の心の中にあるからです」とい
うくだりがある。人間の経験内容は，時間という軸と生活する空間という軸に
よって経験が織りなされ，人の心の中の心象風景として蓄積されていく。

　ある幼児が栽培用土壌を鉢に入れ「ちひろのトマト」と名前をつけ，ミニト
マトの苗を植えたとする。水やりや追肥をして世話をするうち青い実がなり，
やがて実は色づき収穫の時を迎える。幼児は大事に実を採ると家にもち帰り家
族と食し，収穫の終わったトマトの株は畑に返す。

　この時間と空間の中で，幼児は土のつくり方，苗の植え方，水やりや世話の
しかた，苗の生長の変化，収穫し食べる喜び，喜びの分かち合い方などを経験
する。また毎日見る鉢の表示から自分の名前のひらがなとトマトのカタカナ文
字を覚える。一方で，別の幼児に絵本を見せ，トマトという文字の書き方を模
倣させたとする。幼児はトマトの文字の読み書きは覚えるだろう。しかし，こ
の子の時間・空間ではトマトの苗や香り，育つ過程，味，人々の語らいなどの
心象風景は織りなされていかない。

　トマトという対象物をめぐる経験内容の違いが，二人の発達を異なる方向へ
と振ったのである。生活によってどのような経験内容を織りなすか，その経験
が概念を形成するうえで豊かな内容をもつかどうかは，保育者の意識にかかっ
ているといえよう。

（2）計画的に経験内容を組織する

　幼児の経験する内容が，発達にとって意味あるものとするためには，何を経
験させるかという長期的な見通しが必要である。つまり幼稚園が"教育という
営みの場"である以上，目的がありその目的に向かって生活の営みを展開する

2. 豊かな経験内容を織りなす　77

計画が必要になる。保育者は，この計画の作成者であり，実施者であり，それを吟味してさらによりよい生活へと現実の生活を再構築していく創造者である。その長期的な見通しのうえにたった実践が教職員だけでなく，保護者や地域の人々にも理解されてはじめて，信頼して子どもを託されるのである。

1) 幼児を理解する

経験する内容を組織するためには，まず第一に，子どもをよく知らなければならない。『星の王子さま』[7] は "かつて子供だったことを忘れずにいる大人はいくらもいない" というが，おとなになってしまうとみんな昔は子どもだったその心を忘れてしまう。

ある新任保育者が大声で泣く子を抱きかかえながら「友だちが待っているわよ」，「今日は早い帰りだからだいじょうぶよ」となだめても泣きやまない。それをじっと見ていた5歳児が，泣いている子の脇に座り自分のハンカチを出して涙をふいてやる。「家に帰りたいの？」，「ママに会いたいのね」と語りかけると「うん」とうなずいてその子は泣きやんだのである。

保育者の優しいことばは子どもの心に届いていない。なぜならだれでも未知の空間や集団に置かれたときは不安を訴える。その不安の表出は，すでに帰属集団の中で安定した関係ができていて，環境の変化がわかるということであり，訴えたい欲求を表現できるというあかしで，けっして困ったことではない。この5歳児はそれを体験的にわかっており，先生のようにまだ見知らぬ他児を「友だち」とはいわないことも，「早い帰り」という時間的経過の意味が新入児には通じないことも感じるから，その脇にいっしょにいて，涙をふくという行為で共感し，泣きたい気持ちを受け止めたのである。

子どもを理解するというのは，子どもの状態を把握するだけではなく，子どもの心がわかり，その心に働きかける技法をもっていることなのである。その幼児の理解をもとに，「自分の欲求を出しながら園生活に楽しみを感じていく」ことで「喜んで登園する」というねらいや内容を設定し，環境の構成や援助などを予想するのである。

2) 生活をつくる基本を理解する

　見通しをもった生活の計画をつくるには，何らかの基準が必要である。一つは幼稚園教育要領に示されているねらいと内容であるが，これについては第2章を再読していただこう。もう一つは毎年，実践を積み重ね，見直し，改善する各園の生活である。

　一般に幼稚園は，経験カリキュラムを中心としている。時間割をきめて座学の勉強をする教科中心カリキュラムを編成しているところや，単元などのコア・カリキュラムを併用しているところもあるが，基本的には幼児の生活圏のできごとや暮らしを組み立てて，その中心に遊びを置いて，ねらいや内容を組織するのである。

　例えば，地域の夏祭りに参加した5歳児がいたとする。夏祭りの体験後，友だちと夏祭りの話をしたり，絵に描いたりする活動へと広がる。あるいは，数人の幼児は，父役や母役や子ども役になってままごとをし，夏祭りを取り入れて段ボール箱を御輿（みこし）に見立てて担いだり，あるいは綿あめ屋さんや金魚屋さんごっことして展開する。そして遊びに必要な店などの"場"をござを敷いてつくり，うちわやお金やあめなどの"物"を製作し，子どもをあやすしぐさや売り買いのことば，お金のやりとりなどの"言動・振り"をして遊び興じ，遊びの創造に熱中する。この経験を広げ深めていく過程で，幼児は身近な人々の役割を認知し，社会の構造を学んでいくのである。

　夏場，花や桑の実などから色が出ることを発見して科学的な好奇心を満たしながらジュース屋を展開する幼児がいる。寒くなれば箱の上に布をかけ，こたつに見立てて季節の変化を遊びに取り入れる。秋にはドングリや木の実がごちそうになり，遊具になる。このように遊びは子どもの生活とともに変化する。そして，季節に応じた遊具や素材などの物や事象の特性，変化を知るとともに，人々がどう役割を担っているのか，社会の構造がどうなっているのかを認知していくのでる。

　こうした幼児の興味や関心が充足されるように，時間と空間と仲間とを保障しているかを振り返って，経験内容を組み立てるのである。生活や遊びの中で

2. 豊かな経験内容を織りなす　79

幼児が経験する内容の質と，それが発達にとってもつ意味の見極めが，保育者の計画づくりの基準となっていく。それはまた，保育者自身がもつ人とのかかわり，道徳性，発達観，生活感覚，美の感覚などを映すものであるだけに，保育者は永遠の課題を背負っているともいえよう。

（3）現実の難題を乗り越える

保育は，家族の成り立ちに付随して発生し，生活を通すために現実の社会と切り離してはありえない。そのため，人間形成の基礎を担う国家的大事業である反面，政治や経済などに追従した周縁のことがらとして時代に流される。多くの先達が，時代に流されまいと社会的貧困や差別，戦争などと闘いながら子どもを守り育ててきたように，現実の「生活」を「生活」という形態で，よりよい「生活」へと高めていくためには，保育者は現実と闘わなければならない。地球環境の保全や世界平和への貢献，民主主義の醸成や地域文化の発展など，さまざまな課題を抱えて目的を見失うこともあるが，現実に負けてしまっては「よりよい生活へ」の道はひらかれない。これがいわゆる実践である。

園児数が50名ほどの，ある貧しい園の話である。A園長と先生方は貧しい生活環境だからこそ，そして将来は町工場で生きる子どもたちだからこそ，幼児期に伸びやかに自分を表現できるよう，園で最高の画材を用意したいと考えて環境を用意している。幼児はその画材が小さくなるとサックをして数ミリになるまで使う。そして不足した色を補いながら10年後の子どもたちに引き継がれている。

ジャン・ジオノの『木を植えた男』[8]の物語を読むようである。ここには現実に負けず，現実を豊かさに変える生き方がある。毎年，個人にクレパスや水性ペンを買わせるのも一つの方法だが，この園では現実の消費社会と闘いつつ，物を大切にし生かす文化によって表現の喜びをつくり上げているのである。

B先生は幼児の歯磨きを励行するとともに地域の食生活改善に取り組む。虫歯のり病率が高い地域である。保護者に遊びと睡眠，栄養のバランスの重要

80 第4章 幼稚園における保育者の役割

性，3回の主食をしっかりとる得を語り，園の誕生会にはスナック菓子やケーキではなく，キュウリや小魚，芋類や手づくりの薄焼きなどをふるまう。5年後，この地域は虫歯ゼロの子どもが2/3のモデル地区に変わっている。

地域共同体に一つの価値観を創出することも，勇気と根気がいる実践である。虫歯という現象を引き起こしている生活の循環を変えることによって，既存の価値をうち破り，よりよい生活へと向けていくのである。当然，親や地域とのあつれきが起こり混乱も起こる。それでもなお幼児期の口腔衛生向上の意味を見いだして，静かに闘い続けるのである。

ゴミ問題もなかなか解決しない。森林破壊，酸性雨，大気汚染，オゾンホールの破壊など，地球環境の危機が叫ばれようと，人は便利さを追い求め無自覚に暮らしていく。

C先生は，池に雨水をためた樽（たる）から水を補給している。また，ガマやスイレンなどの水生植物やタニシが生息して水を浄化する，トンボが産卵してヤゴがかえる，メダカやドジョウが共生する小さなビオトープである。庭の落ち葉も生ゴミも肥料として再生される。消費を控え，むだを省き，リサイクルする循環を生活の中につくり出している。

これも本質的な生活を求めた実践者の闘いである。生命の営み，自然の輪廻を生み出そうとする生活の創造である。文化になじんだ者には，水道の水を必要なだけ使い，電気ポンプで浄化し，ゴミ集積所に出すほうが楽である。しかし，そこには人間も生物であるという自然のおきてを忘れたおごりがある。こうしてあえて不便を選択するには，それだけの信念が必要である。つまり，保育者の闘いは武器をもった戦いではない。未来を子どもたちに残してやるための知恵を伝える闘いであり，自分自身が何を求めて生きているかという人生そのものの闘いである。保育者は，それをしっかり見極め，実践によって乗り越えていかなければならないのである。

3. 計画的に環境をつくり出す

　みなさんは「孟母三遷」の教えをご存知だろうか。孟子の母は，子どもにふさわしい環境を用意するために3回，引っ越しをした話である。どんな環境の中で生活するかが人間の生命の循環機能を定め，経験の質を方向づけるのである。環境には，人的環境，物的環境，自然や社会事象，空間的・時間的環境だけでなく，それらが複合して生み出す雰囲気も含まれる。保育者は，時間経過に伴って生々変化していく環境に関与しながら，相互に作用し合う集団状況をつくり出すという大きな役割を担っている。

（1）命を保持・増進できる環境を創出する

　生物は，それぞれの生態系に適した環境を生きており，人間も生物である以上，酸素呼吸や食物摂取，活動と休息などが可能な環境を生きている。しかし，生命活動を弱めたり危機に陥れたりする環境に遭遇することがある。ノロウイルスにみるような感染症のまん延，汚染された土壌や水質による死亡，新建材や塗料に含まれた化学物質による薬害中毒やアレルギー性疾患の発生，あるいは樹木や野菜の消毒，強い酸性雨や光化学スモッグ，煙害などが発しんや呼吸困難をもたらすこともある。園生活においては，こうした環境が引き起こす弊害をできるだけ除去することが求められる。これらは社会的にも大きな環境問題であるが，幼い子どもの命をあずかる以上，細心の注意を払い，安心して生きられる環境を地域の人々とともに創出していくのである。

　また幼児期は，個人差に応じて体調を整えたり排せつしたりできる空間，あるいはおいしく食事がとれる状況などが必要である。ぜん息やアレルギーの子がいる場合は，発作の原因となる羽毛や塵芥，食物などに注意することも必要である。発達障害や肢体不自由の幼児がいる場合は，それぞれの障害に応じた施設や設備も必要である。

　このように環境に対して細心の注意を払っていても，保育中，急にぐったり

82　第4章　幼稚園における保育者の役割

して激しいおう吐に見舞われたり，ショック症状を起こして意識を失ったり，骨折や打撲などのけがをする子どもがいる。救急処置ができるような体制を整えておくとともに，一人ひとりの日常の健康状態を把握し，安全で活動的な環境を構成して，命を慈しむようにしていく配慮が必要である。

（2）生活実感が味わえる環境を構成する

　いまどきの子どもは，生活実感が乏しいといわれる。"生きている実感"とでもいおうか。生活による教育を行う幼稚園は，生きているという実感を培い，"わたし"という自我を芽生えさせる機能を担うところであり，生活実感が伴わない環境は致命的である。生活実感は，一つは自分が生きている時間を自分の責任において使う経験によって生じる。もう一つは自分も自然界の一員であるという感覚を身体知として獲得していくことによって生じる。

　まずは，時間を使う感覚を自己選択して活動する遊びの時間がどのくらい確保されているか，という園生活の流れからとらえてみよう。図4-1は，午前中の生活の流れを，大きく遊びの時間Aと，保育者が課題を設定する時間Bと，もち物処理や片づけなどの生活に必要な時間C，とに区分したものである。

　Ⅰ型は，午前中好きな遊びの時間，Ⅱ，Ⅲ型は1時間半以上の遊びの時間と30分程度の課題活動である。Ⅳ，Ⅴ型は時間割に沿った課題活動の合間に遊び

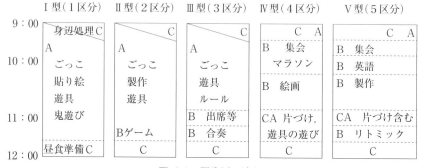

図4-1　園生活の流れ

［環境の諸条件と教育の内容・方法に関する研究―幼稚園・保育所における時間的，物的な環境条件を中心にして（都立教育研究所1995　青木共同研究）。都内234園の11月の時間的条件の分類。］

が位置づけられている。自分の時間を自分で使うという実感は，自由な遊びと全体の違いを感じるⅡ，Ⅲ型が多い。Ⅳ，Ⅴ型になると大半が保育者の時間と課題に合わせて活動することになり，時間の内容についての決定は他者にゆだねられることになる。「基地ごっこしよう」，「サッカーする者寄っといで」と遊びのテーマを見つけ仲間を集めて熱中する子どもたちと，「先生，遊んでもいい」，「先生，次何するの」と問いながら時間を使う子どもたちでは，生きている実感はおのずと異なってくるのである。

　次に，季節感である。動物は，季節の変化に応じて食物の確保や生殖の営みを行う。しかし人間だけが，温室栽培や輸入物，冷凍物の食料を確保し，冷暖房をして季節感をずらせている。その結果が生活実感の喪失である。生きる力を強める幼児期には，自然に逆らわずにどっぷり浸り，自然と自分との関係を十分体験できる生活が必要である。

　D園長は丘の上に園舎を建てた。先生も子どもも毎日坂道や板塀を登り下りして園舎と庭を往復する。ヤギのえさは道路を隔てた畑に取りに行き，その乳を絞りおやつにいただく。おもちゃをつくるにもセロテープやガムテープなどを使わない。小刀やなたを使い竹を削って自分でつくる。見上げる園舎の上の空や雲は季節によって変わる，坂道がぬかるときに春の訪れを感じる，ハコベから菜の花，クローバーへと変わる草は夏の訪れを告げる，季節が動き自分の心も鼓動しているという実感をつくり出すのが生活だという。

　E先生は，木枯らしが吹き始めると子どもとともに秋に収穫して乾燥させたリンゴをほおばりながら，ぼろ布と不要になった女性の靴下で縄を編む。室内の縄跳びに床を痛めず音は小さく重宝する。そしてこの時期が来るとやがて雪一色の景色が訪れるという。

　こうしてあえて不便を引き受けて子どもと暮らす人々は，子どもが自己陶冶する環境は自然が提供してくれると考えるのである。不便は子どもを鍛え，無から有へとくふうを生み出し，仲間と共同して生き抜く強さを与える。あまりにも文化的，人工的な環境に慣れてしまったおとなにとっては不便なことでも，比較する対象がない子どもは，自然の厳しさ，優しさの中から，生きてい

るという実感を見いだしていく。おそらく保育の世界は，文化とは何かを問い直し再定義し直す原点となるだろう。

（3）遊びの環境を構成する

　幼児の自発的な遊びは，何らかの物や人を媒介に展開する。保育者の構成した物的環境が幼児の興味や関心，実現したいイメージを刺激すればおもしろいように遊びが展開するが，環境が幼児の関心外にある場合には見向きもされない。ここでは遊び環境を大きく三つに分けて，その考え方と具体的な風景をとらえてみよう。

1）戸外の遊び環境を構成する

　天候が悪くなければ，健康な子どもの遊び空間は基本的には戸外である。子どもがおとなの目に縛られず広い自然空間の中で没頭して遊べる環境を構成するためには，樹木や草花などの植物，小山や小川，くぼ地などの起伏，栽培物や飼育物やそこに生息する昆虫やミミズなどの生物，土や砂，水，丸太や切株，石などの自然素材が有効である。自然環境こそ，子どもの心をしなやかに，また豊かに陶冶してくれるのである。

　子どもは，空間のもつ特徴をとらえて遊びをつくり出す。穴や竹やぶの中を

図 4-2　大木が基地になるアナーキー空間
おとなの目を逃れて仲間の空間をつくり出し隠れ家として遊ぶ

図 4-3　源氏物語風の雰囲気をもつままごとの家
室内では得られない自然物が使われる

3. 計画的に環境をつくり出す　85

森や宇宙空間に見立てて冒険心をわかせる。ござを敷いたり板囲いをしたり樹木を基地に見立てたりして，遊びの拠点をつくる経験をすると，自然界の変化を絶妙に取り入れて，遊びに変化を生み出していく。空間が広く何もないところでは，走るなどして時を過ごす。

本来，野にあった斜面や樹木，丸太橋やつるなどを模した固定遊具も，多様に活用できれば，幼児の遊びをダイナミックにする。全身を動かして熱中して遊べる環境は，身体や創造性の発達が著しい子どもへの最大の贈り物である。

図4-4　砂場につくった基地

図4-5　3階建てエレベーター付き（滑り台）の家

図4-6　ぶらんこに手を加えてつくったアスレチック

図4-7　山の斜面を車で滑る

2）室内およびその周辺の遊び空間の構成

室内は，天候がぐずつく日や酷暑，極寒の日などの遊び場になる。また，食後の休息時，体調がすぐれないとき，室内のほうが適した活動内容のときなど

86　第4章　幼稚園における保育者の役割

図4-8　木工ができる　　図4-9　ままごと　　　図4-10　絵本と楽器
　　　　コーナー　　　　　　　　コーナー　　　　　　　コーナー

に使用される。その遊びを方向づけ継続させるのが，物が付随した所定のコーナーである。一定の場所に物が始末され，自由に使えるという環境が，遊びを誘発する。

　また，木工に使う机，道具，棚，木片やままごとに使うござ，机，人形，布団など，コーナーは一つのまとまりをもっている。これが子どもの物と人の関係，物と空間の関係概念を形成していくうえで重要なのである。

　3）遊びの素材や遊具環境

　J．ニューソン[9]は，民族を問わず人類がもつ永遠の遊具として積み木と人形をあげている。幼稚園の祖フレーベルも，シュピール・ガーベ（恩物）を考案し，それを生活の形式，認識の形式，美の形式を陶冶する媒体となる神からの贈り物としている。森羅万象の世界を認識し創造できる内的な力が恩物という媒体によってひらかれるのである。つまり優れた遊具や素材は，人間の内面を陶冶する働きをもっており，それ自体が人間にとっての価値を有する特性をもっているということである。例えば，泥粘土は水に溶けもすれば固いかたまりにもなり，適度な粘性であれば自在に形を構成することができる。積み木は，長く並べる，

図4-11　積んだ積み木に乗る

高く積む，形を構成するなどが可能な特徴があり，幼児の内面のイメージを引き出して象徴化したり，物と自分の関係を形成したり，身体機能や諸感覚を養ったりなどして，自己陶冶を促すことができるのである。

日本の子どもたちはコマやタコ，竹馬，お手玉や紙風船など園や地域に伝わる玩具で遊ぶ。近年は電動式のものやパソコンソフトなども玩具として取り入れられているところもあるが，こうした子どもの内面を陶冶する遊具の吟味も環境として忘れてはならない。また，折り紙や和紙，洋紙，画材，製作の素材も子どもの創造性を触発する。それらを扱う保育者は玩具や素材に精通する遊び人でありたい。

図4-12　高く調節した竹馬

紙飛行機を折るにも紙の縦横を知っているとよく飛ぶ飛行機が折れる。竹と板で自在に高さを調節する竹馬をつくり乗りこなせれば子どものあこがれの対象となることはまちがいない。戦いゴマで子どもに勝ち抜く技も必要である。遊具や材料は，子どもの遊びとともにあることが大切で，保育者は玩具の巧みな使い手であり創造者なのである。

（4）知が育つ環境をくふうする

子どもの"知"は環境にかかわって展開する遊びや生活の過程にある。そのためには生活や遊びに使う物的な環境自体が，知を生み出す落ち着いた雰囲気を醸し出すようにすることも必要である。教科書で文字や数字，図形，色彩や音，世界のニュースなどを教えるのではなく，物的環境の中に知的好奇心や探求心を充足させる情報を埋め込むのである。

1）色調，採光や音環境を効果的に整える

"人間の自由"への教育を目指すシュタイナー[10]は，園・学校の建物の形，色，流れが子どもの内面の発達，人のもつ陰と陽に合うようにすることを重視

し，ゲーテの色彩環に基づいた建物を建設している。それほどに色や形は人間の内面と密接に関連し内面を揺さぶるものである。色調や採光，形が心と深く結びつく経験は，みなさんも神社仏閣や庭園，博物館などを見学した際に経験することがあるだろう。

保育環境づくりには保育者の美的，音的センスが求められる。幼児が対象だからと，擬人化した絵をむやみにはったり派手な原色を使ったり，輪つなぎや折り紙をベタベタとはったりするセンスは，幼稚園の幼稚化といわれてもしかたがない。また物や音響機器から雑音を発したり，子どもの奇声が反響して騒音になったりして耳を覆いたくなるような音に対する鈍感さを培っている場合もある。子どもが落ち着きがないとしかる前に，保育者自身がつくり出している全体の色調，音環境などに敏感になることが必要である。

2）文字や標識などの記号を正しくセンスよく使う

わたしたちの生活空間には，文字や標識がふんだんに使われている。保育の場も社会の縮図である以上，文字や標識によって集団での暮らし方をわかりやすくしようとする環境が構成される。この環境づくりによって社会が表象する文化に対する感覚を育てているので，保育者は小学校の国語や算数や理科や社会などの基礎的知識が必要になる。図4-13から考えてみよう。

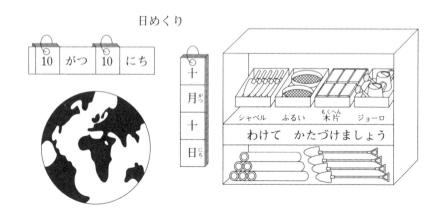

図4-13　いろいろな表示

日付の表示を，ひらがなにするかひらがな漢字両用にするか，音読みのルビを振るか訓読みの表記にするか，あるいは日めくりにするか週，月めくりにするか，横書きか縦書きか，漢数字か算数字を使うかという表記は，子どもの時間感覚や文字の読み書きの発達に影響する。毎日，目にする環境が無意識のうちに刷り込まれるからである。特に，文字による表記は，まちがえて覚えると，ふたたび覚え直さなければならないという面倒なことが起こる。「かまきりのたまご」と表示するのか「カマキリ　の　たまご」と表示するのかで，子どもの読み書きの感覚が違ってくる。そしてこの表記の考え方に，子どもの発達への配慮だけでなく，保育者の国語文化の考え方が表れる。また，動植物をカタカナで表記するかひらがなにするかも，保育者の科学的知識や発達観の現われと認識されるのである。

同様のことが，壁面に掲示するさまざまな物についてもいえる。西洋の世界地図，日本の世界地図のいずれを掲示するかで物を見る視点が違う。組の表示，廊下の右側左側通行の標識，消火器の印などすべての記号に，どんな意味をおいて表示するかが，子どもに記号のもつ意味を伝えていくからである。

3）小学校教育との連携

初等教育は，幼稚園にはじまり小学校へとつながる9年間を対象としている。とくに4，5歳児と小学校低学年の児童を対象とする幼年期の教育は，道徳性を培うことを目的にして，一人ひとりの子どもに豊かな経験を得させ，意志や志向性を育てることを大切にする。

教育が知育に傾き過ぎ，子どもの生活や遊びの経験が乏しくなると，子どもの活力や自己教育する意志，志向性などの生きる力が減退する。外的作用として注入される知識の記憶は，記号操作による抽象的な概念思考で経験ではないからである。そこで具体的な経験によって思考する幼年期の発達特性に応じて，平成4年度に小学校に生活科が，12年度から総合的な学習の時間が設けられている。低学年の合科，総合的学習が展開されて，就学前教育との接続が強化されたのである。それは早い時期から読み，書き，計算を教授することより総合から分化へと発展する人間教育の基礎となる経験の中で，言葉の音節分解

90　第4章　幼稚園における保育者の役割

やさまざまな文字記号，標識や数量操作などに興味をもつよう，確実に発達を下から積み上げていこうとする試みである。

また，生活という総合的な学習の場に，日本文化を基調とした豊かな内容を織り込むためには，幼児自身を語る主体，表現する主体として遇することである。一人ひとりの経験は，表現しなければ確かなものにはならない。幼年期の子どもは，活動しながら自分の言葉・思考を確定し，表現することによって経験を認識し，その経験を生かして創造する者となっていくのである。そのために保育者は，小学校低学年の教育内容を理解して，環境としての教師のことばを洗練させ，異常な幼稚さを演出しないこと，行き過ぎた知育を施さないことが必要になる。生活という自然であたりまえのことの中に豊かな経験内容を組織し，子どもの生活の必要感とつなげた，生きて働く知を育てていくことが求められているといえよう。

4. 支え合う関係をつくり出す

保育は，人と人とが織りなす生活事実である。幼稚園での子どもを取り巻く人の環境は，幼児対幼児，幼児対保育者集団，それを支える職員集団，さらに保護者や地域社会の人々によって成り立っている。そして，互いに自分を出しぶつけ合う生活事実の中でそれぞれの人が自分をつくっている。

（1）仲間同士で育ち合う

幼稚園では，幼児の居場所となりともに生活する集団を「学級」として編成している。学級の編成のしかたは，4月1日から翌年の3月末までに誕生した子どもを1学年として横の集団を編成する場合，3歳から5歳までの縦の集団を編成する場合がある。この学年区分に，さらに地域別，月齢別といった尺度を設けた分け方もある。一方，学級編成という考え方は学校教育の弊害で，教師側の管理の便法だととらえる人は，幼稚園を一つのホームとして生活共同体をつくっているところもある。

いずれの場合も，子ども集団が共に生活し，他者との関係において一人ひとりの幼児がアイデンティティーを形成していくための環境条件として，幼児集団を組織しているのである。

大正時代，家なき幼稚園を実践した橋詰良一[11]は，子どもが育つためには"子どもの世界"が必要であり，それは，己を知る「自覚」，己を守る「自衛」，己を振り返る「自省」，仲間が互いに助け合う「互助」，そして仲間が楽しみあう「互楽」の五つが重要だとしている。倉橋惣三も，環境に意図を込めた間接的な援助「間接教育の原則」と，子どもの心に共鳴する援助「共鳴の原則」，そして保育者自身が生活する姿によって子どもの自発の力を強める「生活による誘導の原則」とともに子どもが相互に育ちあう「相互教育の原則」を重視している。それは，おとなが直接的にかかわればかかわるほど，子どもにとっては圧力となる環境をつくってしまうからである。

保育者の圧力をかける直接的指導とは「はやく片づけましょう」，「きちんとしなさい」という指示や命令，「けんかしないで仲よくしようね」と諭す仲介，「もう少しがんばってね」という励ましや期待のことば，「わあ，すごい」，「えらいねえ」といった賞賛などのことばの乱用や行動での強制である。保育者のかかわりは，子どもの目的を明確にしたり喜びを与えたりする一方で，「早く」「仲よく」「がんばって」「えらい」子どもになりたいという本人の願いがわき出る前に，外部から圧力をかけてしまうためである。つまり保育者と子どもの関係は，暗黙のじゅ縛の世界をつくりやすい。それでは，子どもの内からわき出る欲求や行動する必要感が見失われ，自我や他者認識，対物認識は育たないのである。

幼児は新しい集団を形成した当初は，一人遊びが中心で個々人が保育者を媒介に行動するが，関心をもった特定の相手に積極的にかかわるようになると名前をよび合い同じようなことをして楽しむようになる。やがて，安心して自分を出せるようになるとけんかが頻繁に起こり，かんだりたたいたり蹴ったりという行為がやりとりされる。その具体的，直接的なぶつかり合いの過程で，互いの痛みを知り，欲求を知り，優しさがわかり自己努力するのであって，こと

92　第4章　幼稚園における保育者の役割

ばで「仲よく」「がんばれ」といわれても真の理解には到達しないのである。痛み，悔しさ，喜び，葛藤が体を通ることによって，他者との関係が深まっていくのである。具体的に3か月間にわたる仲間関係の変容を追ってみよう。

　　10月，年長組にJ児が転園してきた。当初幼児はJ児に親切だったが，天衣無縫なJ児とけんかが絶えない。保育者は，「仲よく遊ぼう」とあいだをつなぐが関係は悪化し，12月になると男児はJ児を排斥するようになった。しかし，J児はまったくとんちゃくせず一人で遊んでいる。
　　その日も大げんかが始まった。J児がシャベルで穴を掘っている隣に5人の男児が穴を掘り始め「おれらのほうが深いぜ」と挑発した。J児は黙々と80センチほど掘ってから板を運んできて穴にかぶせ，もう一枚取りに行く。そのすきに男児たちがJ児の穴に足で砂を入れた。怒ったJ児は，板を高くあげ「やめろ」と迫る。その拍子にK児が転ぶとJ児は板をK児の胸に押しつける。L児らが「やめろ」というがJ児は板を上から落とそうとする。M児が「それ以上はやるな。やめろ」と止めに入る。J児は板を自分の穴にたたき落とした後，無言で片づける。
　　翌日，砂場に集まった男児たちは，J児が霜柱をもってくると寄っていき，「すげえ長い」，「どこにあったの」と聞き，裏庭に霜柱を取りに行く。しばらくいっしょに霜柱集めをした後，砂場に戻ると「みんなででっかい落とし穴つくろう」と楽しげに穴掘りを始める。

この集団状況を整理すると次のようである。

①　男児が新入りには「親切に」という世界を演じる優しさは，みずからを優位においているからであり，真の優しさとは違う。J児がその儀礼に関係なくマイペースで行動するに及んで，男児は対等の無視できない存在としてJ児を認識する。

②　仲間が集まって新参者を排斥するのは，いままで得た安定を保とうとするためである。J児がこの仲間になびけば男児の欲求は充足されただろうが，J児が一人でも仲間とも自在に過ごすことができ，表出する自我をもっていたことがあつれきを生じる原因になっている。

③　むき出しの衝突によって，男児はJ児の怒りに驚き，無言で穴に板をたたき落とす姿に感情を抑制する悲しみを感じ，自分たちの行為がもたらした意味を理解したと思われる。

そして，「これ以上はやめろ」という限界を幼児同士で見いだして，問題を解決したのである。こうしたプロセスは，保育者が介在して生じさせることも

解決することもできる内容ではない。子どもたちが数か月のいざこざの過程を経て，互いに自得した境地である。

こうした仲間同士で育ち合う環境を構成して，子どもが本当に仲間のよさに気づき，仲間との遊びの楽しさを共有し，他者への信頼感を培うようにすることが必要である。

（2）組織を生き抜く

優れた保育実践には，必ず優れた保育者集団が存在する。保育者集団は，一つの社会を形成しており，幼児にとって最も大きな影響を与える環境としてあるからである。

一般に幼稚園の組織は，設置者，園長（設置者と兼務の場合もある），教頭（または副園長），教諭，講師，事務主事や用務主事等で構成される。この集団が生活の中でどのような意味をつくり出すかで，生まれる文化が異なるのである。

「この保育園をどうやっていくかということですが，私はみなさんに，こうしてください，ああしてくださいとはいわないと思います。―略―みなさんはこの保育園で何をなさっても自由だし何をなさらなくても自由です。―略―子どもにそう生きてもらうためには，回りの大人が，つまり保母や教師，親たちが，本当に自由でなくてはならないと思うのね」[12]と灰谷健次郎は園長の園子にいわせている。これほど自立した，創造的，相互補完的関係を保育の中につくり出そうとする難しい課題はない。一人ひとりの自覚と責任と保育センスが求められるからである。この組織の考え方，あり方によって，保育者の日々の保育行為は方向づけられる。つまり，保育行為は，次のような思考と行動様式をもつものだからである。

- 刻々と変化する保育状況に対応した即興的な思考の身体化である。
- 子どもの表象に対する多元的なとらえ方の総合化である。
- 問題状況に対する当事者の主体的，感性的で熟考的な関与である。
- 保育者の文脈化された思考の表出である。
- 実践過程における問題の再構築と再構成の途上である。

94　第4章　幼稚園における保育者の役割

　保育行為にマニュアルはない。行為の対象は生きている子どもであり，子どもは集団を形成しており，集団はその状況をうねらせながらつかみどころのない変容をとげているからである。それゆえにこそ，保育行為を決定する主体者の内面が"自由"であり保育者集団が"信頼"というきずなで結ばれていないと，保育をしていけないのである。

　しかし，保育者集団も幼児集団と同様，葛藤し共同しながらも安定を求めることに変わりはない。組織の縦構造ががっしりと組まれ，保育者集団が硬直化してしまうことがある。そうした組織は，その行為の判断根拠を他者にゆだねてしまいやすいという特徴をもつ。「あれをしてみよう」，「こうしてみよう」ではなく「何をしたらいいですか」，「どうしたらいいですか」と聞いているうちに自己を見失い，保育行為の根拠を主体の中に築きにくい。こうした集団は，下の者の責任感も意識されにくく活力が失われる。

　硬直化し安定した組織を再構築するのは若者たちの力である。"無知"も生きるうえで大切な"知"であり，知らないことによって新しいことができる。「あれをしよう」，「これをしよう」とチャレンジして未来を切り開くエネルギーもわく。そのためにこれから4年間の保育に関する学習が用意されているといえよう。

　さて幼稚園には脈々と続いた文化がある。紙芝居や絵本，素話などの児童文化，わらべうたや手遊び，歌や楽器を使った遊び，ごっこ，遊びに必要な物を製作するさまざまな造形活動，鬼遊びやゲーム，遊具など，有形，無形の行事や文化財を背負って遊びを展開している。これらの文化は世代を超えて伝えられ，幼稚園の生活に残ってきたものであり，遊びとして具象化するものである。

　一方で保育者集団が無意識の中で伝えていく文化はことばやふるまいなどに現われる。例えば，ことばである。「おあつまり，こちらにおならびよ」，「とんとんまえ，はい，ぴ」，「おぴあのさんにあわせて」などという非日常的な難しいことばが使われる園がある。「2列に並んで集まりましょう」，「ぶつからないように手を前に出して立ちましょう」，「ピアノに合わせて」といえばわかることを，ことばの装飾によって雰囲気をつくり上げるのである。その他にも

職員会で発言せず，後でぶつぶついうという思考様式，思うようにならないと他者の責任にするという思考様式などに出会うこともある。こうしてみると対話という職場文化が保育者の意識レベルを決定するといっても過言でなく，そこに生きる人々の"知"のレベルを反映する。そして生活が日常的であればあるほど，こうした価値は目に見えない文化として子どもに伝達されていく。

とくに，保護者のニーズの多様性や子どもの経験差，保育者の力量に応じてより適切な指導を行うために，ティーム保育を実施する園が増えている。ティームスタッフの呼吸を読みながら自分がどう動くことが子どもにとって，あるいは相手にとってより有効なのかを瞬時に判断しながら保育行為を行うには，対話による共通理解と，みずからの個性を生かした即興性という創造的なアプローチが求められる。

組織を生きる一員として，自然体でありながらも崇高な意識をもちたいものである。また正義感が強く未知のことにチャレンジする若者として，さわやかな風を吹き続ける存在になりたいものである。

（3）保護者とともに育ち合う

幼児の生活は，家庭から幼稚園へ，幼稚園から家庭へと連続している。家庭での生活時間のほうが大きな比重を占める幼児期は，園と家庭が共同して一人の子どもの発達に関与していくことになる。特に近年の少子化，核家族化のもとでは，幼稚園に求められる役割も大きく変わってきている。

かつての大家族制度の中で育った子どもは，同世代，異世代の関係をたくましく生きる力が自然に培われていたが，1970年前後から日本の都市部の地域共同体が崩壊して家庭が閉鎖的になるにつれ，子どもも親も他者と関係を結んで生きることが難しくなっている。そしてこの人間関係のもたらすゆがみは，初めての学校である幼稚園にもち込まれる。

● 入園後，2か月が過ぎたが3歳A児の母親は，保育室の入り口で降園まで我が子を待っている。保育者がA児の遊んでいる様子を見て安心して離れるように促すが，家にいても心配で園にいたいと主張する。

96 第4章 幼稚園における保育者の役割

- B児はだれかとぶつかったり押されたりすると「先生，あの子がいじめた」と訴えたり，「子どもの声がうるさい」といって廊下の隅にいたりする。母親は降園時，「今日はいじめられなかった？」と聞き，押した子の名前を確認して相手の親に「いじめないように」と依頼の電話をする。
- 5歳になってもC児はだれかれかまわずたたいたりかんだりして周囲を怖がらせる。保育者が「たたいたりかんだりしたら痛い」としかるが「だっておもちゃが欲しいもん」といって他児がもっている物をとる。

　子どもが母親と離れられない状態を母子分離ができないというが，最近は親が子離れできない場合も増えている。また集団の喧噪や体の触れ合いを嫌い，"いじめられる"と認識する子どももいる。親もいじめということばに敏感で保育者の指導に不安を抱き，直接介入して我が子を守ろうとする。また欲しい物があると腕力に訴えて思いのままにふるまう子もいる。主張はするが自己抑制がきかないのである。他者との関係を多様に結ぶ経験を得ていない親や子どもにとっては，幼稚園はこれから人間関係をつくり広げていく場である。

　昭和23年の保育要領では，幼稚園も保育所も親や地域の人々もみんなが，幼児のためによりよい経験が得られるような環境の構成者として位置づけられている。しかし，昭和40年代以降，幼稚園が塀を設けて家庭や地域と遊離した。この反省から平成10年に始まり20年の改訂を経て，平成29年幼稚園教育要領では，「幼稚園の運営に当たっては，子育ての支援のために保護者や地域の人々に機能や施設を開放して，園内体制の整備や関係機関との連携及び協力に配慮しつつ，幼児期の教育に関する相談に応じたり，情報を提供したり，幼児と保護者との登園を受け入れたり，保護者同士の交流の機会を提供したりするなど，幼稚園と家庭が一体となって幼児に関わる取組を進め，地域における幼児期の教育のセンターとしての役割を果たすように努めること」とされ，また，2007（平成19）年の改正学校教育法第24条に「家庭及び地域における幼児期の教育の支援」が謳われ，ふたたび子育てを支援する方向を打ち出している。

　フレーベルが「母と子の作業所」を開き，そこで子どもたちの遊びの場と母の学びの場をつくったように，幼稚園（Kindergarten）の始まりは，母と子の共同の学びの空間を提供することにあったことを忘れてはならない。「いまど

きの親は」,「子どもは」といったとらえ方ではなく,幼稚園が新たな人との出会いと学びを提供する場として位置づくことが必要なのである。その出会いと学びの時空間をつくり出す仕事は,保育の根幹をなすだけに,保育者自身,人との関係をたくましく,しなやかに生きる力が求められる。

（4）地域社会と共生する

こんとんとした複雑性を呈する時代に,いったん崩壊した地域共同体を再構築し,そこに新たな意味をつくり出すためには,「共同」という概念が必要である。それは,従来の地域共同体から新たな共同体へと意味を置き換えることであり,関係のつくり換えであり,他者のために時間を使うことを自らの喜びとする視点をもつことである。

もちろん,清掃美化,祭りや敬老会,運動会や節分,地域に伝わる人形浄瑠璃など地域のイベントを共同する中から人とのつながりをつくり出すという方法は,従来から行われてきた。しかしいつしか,子どもを地域に帰し地域に幼稚園が溶け込むのでなく,幼稚園という囲いの中の行事として行われる向きが多くなっている。そして幼稚園の行事が,楽しむものから見せるものへと変化するにしたがい,子どもを訓練する保育に転じた傾向はいなめないだろう。

Ⅰ先生は,行事を室内空間から戸外に飛び出させることによって,地域の人々が自由に参加し,共同するものにしたいと考えている。地域の美化作業や老人ホームとの交流も継続して行っている。また5歳児をグループに分けて町を探検する。町の人々は,子どもに昔を語り,わらじづくりを見せ,お手玉で遊び,それぞれが思いのままにかかわる。運動会も共同する。5歳児は親や地域の希望種目を集め,プログラムにする。無理な練習など必要がない。当日,その場で出場し楽しむ。

音楽が大好きなN先生は,音楽こそ人々の心をつなげると考える。歌はピアノの前で一斉に歌わせるものではなく,人々が集えばその輪の中に音とリズムがあるものである。そこで日常だけでなく遠足に行ってもクリスマスコンサートも参加自由な大道芸として,参加者とともに音楽をつくり出すのである。

98　第4章　幼稚園における保育者の役割

　子ども文化は，こうした地域の人々の生活の中ではぐくまれる。その担い手は老若男女を問わず，その交流の中に生まれる。文化が大道から離れて舞台用になっていくとき，真の庶民の文化は衰退してしまうのではないかと思われる。保育を学ぶみなさんは，学生のときから幼稚園の現場に入って地域と共生する文化を担い，やがて保育者となったとき地域に根を下ろすことが必要ではないかと思われる。

5. 保育の省察

　「子どもと一緒にいると，一日を快く十分に生きるところから明日が生まれることが分かる。そして子どもが一日を幸せに生きられるかどうかは，大人のかかわり方にかかっている。保育者は，子どもが自分自身を形成する者となるように，子どもと日々生活しながら思索をつづける」[13] 津守真は，このように保育とは保育の実践と実践の後の振り返る作業（省察）であるとして，子どもとの一日を振り返る重要性に言及している。

（1）振り返る作業

　教師という職業は，子どもとの関係がうまくつくれないと存在そのものが危機に陥る。だれでも一度は教師に向かないのではないか，自分には教師という難題は解決ができないのではないかという危機に遭遇して辞めようと思う経験をもっている。佐藤学[14] は，そこに教師という職業の存在論的危機があるとし，その理由として，

　①　再帰性……だれが悪いといっても結局，ブーメランのように自分のところに問題が戻ってしまい自分で向き合わねばならない。
　②　不確実性……10人いれば10通りの答えがありマニュアルなどない。
　③　無境界性……仕事にこれでよいという区切りがない。

をあげている。そしてこうした危機を乗り越えるため，反省的実践家としての存在をつくることを提言している。

自らの保育行為を省察する力は，自分探しそのものといっても過言でない。

　ここで，3人の実践の省察を見ながら，幼稚園における保育者の成長を確認することにしよう。

＜差別の目におののく＞

　昨日，父の日のプレゼントに自分の親が喜ぶと思う物をつくろうと投げかけておいた。朝，登園すると数人がつくり始めた。タケシが折り紙で花をつくっている。少し女っぽいなと思い，「タケシくんのお父さん，何が好き」と聞くと「釣り」という。「そう，じゃ，釣りに使う物がいいかしら」としきりにいうが首を振る。私は彼の澄んだ目を見て次のことばを飲み込んだ。

　あのとき，私はずいぶん迷っていた。もっと灰皿とかネクタイ，釣りのさおなど父親が使う物がいいといおうと思ったがそれは何だろう。男児が花をつくることが女っぽいと思うのは偏見である。またタバコを吸わない，ネクタイを締めない父親がいるし，ほんものの釣りざおをもっている父親に釣りざおをつくるというのもおかしいのに，しきりに花以外の物を製作するように働きかけていた。自分自身が見栄えのよさを求めているのか，父親のプレゼントは灰皿という既成概念をもっているのか，無意識の性差別をしているのか，振り返るとショックである。

＜自我のこだわりに完敗＞

　ケンタは入園以来，保育室に入らずベランダに寝そべっている。「カバンを始末してから遊ぼう」と私が働きかけても無視され，社会性のない困った子と思っていた。午前中，他園の先生が訪れ寝そべっているケンタの脇で砂遊びをしていると，いっしょに遊び始め，じゃまになったカバンを始末してからまた遊んでいる。そこへ数人が水を運んできて川になり歓声をあげている。

　ケンタは1か月以上も寝そべっているだけと思っていたが，その間に彼は自分の持ち物を始末する場所を覚え，砂遊びに興じる他児もとらえている。私は“カバンを始末してから遊ぶ”と思っていたが，彼は，“遊びにじゃまだから始末する”という文脈をもってそれにこだわっている。こだわる自分をもっているからこその抵抗だったと思うと，すごい子だという思いがわいてくる。

＜遊びの援助が強制になってしまった＞

　昨日の続きの遊びの場が残してあるので「おはよう。今日もお城ごっこするのかな。楽しみだな」と声をかけた。「外に行こう」という幼児の声も聞こえたがなかなか動き出さないので「ショウは何時に始まるの。9時半かな。後で見に来るね」といい，庭で遊ぶ子を見に行った。戻ってみるとまだ女児たちは何もしないで座っている。

　自分では遊びの援助をしたつもりだが，かえって遊べない状況をつくってしまっ

たようだ。結局，遊びのテーマも内容も時間も縛ってしまったことになる。なぜ女児は「やりたくない」といわなかったのだろう。幼児は私が怖いのか，目的が見いだせなかったのか，昨日の環境に追い込んでしまったからか，あるいはお城ごっこで遊んでほしいという私の一方的な期待に逆らえなかったのか。ことばをかける難しさを実感したがどうしたらよかったのかよくわからない。

　いずれも，経験1～2年の保育者の振り返りである。男児が花などつくって困る，泣き虫で困る，暴れて困る，おとなしくて困る，遊べなくて困るという「困った子」は，男らしくあってほしい，泣かないでほしい，暴れないでほしい，遊んでほしいという保育者側の願いとずれた場合の問題である。同じ場面を見ても，自分でつくろうとするテーマを自覚していてよかった，こだわりという自我を訴えてくれてよかったという保育者であれば，これらの省察はまったく異なってくる。

　こうした省察は，次の保育行為を決めていく。泣いてよかったと思えば「泣かないように」ではなく「泣きたいときあるよね」と共感するかかわりが生まれる。寝そべって何を見聞きしているのかという観察が始まる。前日の遊びの場を残さず，朝，子どもたちが遊びを模索する時間をとって自分たちで遊び始めるのを待つなど新たな試みができるのである。

（2）保育者の成長

　一人の人間が保育者としてどう生きるかという構想が，あらかじめ決まっているわけではない。いままでの自分と，いまある自分と，こうありたい自分とを行きつ戻りつして，現実の課題を乗り越えていく道々に，現在に続く過去がつくられていくのである。豊田芙雄，徳永恕，赤沢鍾美・仲子などの保育の先達は，子どもと暮らす日々の生活の模索を長年，無我夢中で積み重ねることによって，保育者としてのアイデンティティーをつくっている。そして，我が人生を振り返ったときに，保育に一生をかけて生きた自分のライフサイクルを見たのではなかろうか。

　保育者の成長とはそんなものである。自分が子どもとの生活をともにやりた

いから保育の道に飛び込んで無我夢中で道を切り開いていく。そこには自分の生き方を求めた過程があるのみである。

　かつて，保育技術がピアノを弾く技や紙芝居の読み方，子どものあしらい方の術のごとく，狭い範囲でとらえられたことがあるが，保育の世界は関係性の妙味である。そして関係性の妙味は，子どもの直観と保育者の暗黙知が織りなす臨床の場を形成している。その場は，生活という現象の世界を構成するできごと，作用，そ及作用，諸決定や偶発性などによって刻々と変化しており，保育者は子どもとともにそこを渡って生きるのである。それはまた，錯そうし，無秩序を引き起こし，あいまいさや不確実性といった保育者を不安にする特徴をもっている。こうした不確実な現実の中で，全我をぶつけながら子どもと向き合う知を獲得していくことが，保育者の成長にとっては不可欠である。保育者はこの知を，経験という勘と省察という洞察とによって磨いていくのである。

　単純な一本の糸では織りなせないこの複雑な保育の世界で，問題がないということはありえない。異質な構成要素による複雑な織り糸をほぐしながら，多義性のパラダイム（思考の構造）を見いだしていくことが必要である。そうした意味では，保育は，不確実性と自由性と創造性に富んだ遊びのごとく，人間が生きているところであり，教育の最も基本となるところであり，保育者を人間として成長させる場であるといえよう。

（3）未来の創造

　「未来を予測するな，未来は創造せよ！」といわれる。みなさんがこれからの幼稚園教育を予測してその範ちゅうに自分を当てはめると，それ以上の未来は到来しない。これから諸学やフィールドで学ぶ「保育の神髄」をもとに，未来を模索し創造し続けることである。そのためには，実践研究者としての目をつくっていくことが求められる。

　かつては，研究を極めた学者の理論を保育の実践に当てはめてきた。各年齢の発達段階があるとか，発達は直線的，上昇的に進むという理論をもとに，そ

102　第4章　幼稚園における保育者の役割

れに当てはまらない子どもは発達が遅れている，問題があるという根拠をつくって自分の保育を正当化してきた。これらは一つの尺度として子どもを見る視点を提供はするが，20世紀がつくりあげた神話の一断片であり，複雑系の保育を総合的に見る視点にはならない。集団のダイナミクスは，複雑な波動の調和で維持されていても，いったんそれが崩れると，複合する原因を把握する理論は見当たらない。かえって実践者の直観力や洞察力が，理論に勝ることが多多ある。保育は，保育者の勘で試みながら前に進む世界である。その実践自体が研究の過程にあることを自覚して，実践知を磨いていくことである。つまり保育を自らの仕事として生きる者は，未来の創造のプロセスを自らの思考の構造に練り上げて，世に問いを発していくことが求められているといえよう。

〔引用文献〕
1)　八尋舜右『良寛』成美堂出版，p.155，1986
2)　黒柳徹子『窓際のとっとちゃん』講談社，1981
3)　もくせい会編『はじめにリズムありき―私たちの小林宗作先生―』p.16，1990
4)　森有正『生きることと考えること』p.49，講談社新書，1970
5)　レイチェル・カーソン『センス・オブ・ワンダー』新潮社，1996
6)　ミヒャエル・エンデ『モモ』p.75，岩波書店，1980
7)　サン・テグジュペリ『星の王子さま』岩波書店，1991
8)　ジャン・ジオノ『木を植えた男』あすなろ書房，1992
9)　J．ニューソン，E．ニューソン『おもちゃと遊具の心理学』黎明書房，1981
10)　ギルバード・チャイルズ『シュタイナー教育―その理論と実践』イザラ書房，1997
11)　橋詰良一『家なき幼稚園の主張と実際』，1928
　　　（復刻版『大正昭和保育文献集　第5巻』日本らいぶらり，1978）
12)　灰谷健次郎『天の瞳幼年編Ⅰ』p.15，新潮社，1996
13)　津守真『保育の一日とその周辺』p.10，フレーベル館，1989
14)　佐藤学『教師というアポリア』世織書房，1997

■参考文献
・青木久子『子どもに生きる』萌文書林，2002
・青木久子『教育臨床への挑戦』萌文書林，2007
・青木久子・浅井幸子『幼年教育者の問い』萌文書林，2007
・磯部裕子・青木久子『脱学校化社会の教育学』萌文書林，2009
・青木久子編『環境をいかした保育』チャイルド本社，2006

第5章　保育所における保育者の役割

1. 保育所に求められる多様な機能を担う保育者

　長い期間にわたって，保育所での保育者の役割は，保育に欠ける乳幼児を養護と教育の一体性の中で保育していくこと，すなわち直接処遇にあるとされてきた。しかし，保育所の機能が「措置された子どもの家庭養育の補完」から，より積極的に「地域の子どもを含む家庭支援」と変容している今日，保護者や地域とのかかわり，他の専門機関や専門職などとのかかわりも保育者の重要な役割であることを認識しなければならない。

（1）保育者の与える影響力を意識する

＜事例1＞あら，はしのもち方がおかしい

　　5歳児クラスを担当することになったA保育者は，新年度がスタートして1週間が過ぎ，少し落ち着いて子どもの食事のときの姿を見て驚いたのである。はしのもち方のおかしい子どもが，多すぎるのである。この園は，3歳以上児は2クラスずつで構成されている。「●●ちゃん，○○ちゃん，▲▲ちゃん，△△ちゃん……」と確認していくと「あら，××保育者のクラスだった子どもたちだわ」ということに気づいたのである。それまで，気にかけなかった××保育者のはしのもち方を改めて見ると，何と子どもと同じだったのである。

　子どもは，じつによくおとなの姿を見ている。この事例は，昔からいわれている「子どもは，おとなのいうようにはならない。おとなのするようになる」ということばそのものである。あいさつや食事など生活習慣は，毎日の生活の中で，おとなの生活する姿を模倣しながら，身につけていく。保育者が意識しないで，毎日繰り返す言動や態度は，そのよしあしを問わず子どもに影響を与えるのである。

　ままごとごっこで，お父さんやお母さんになったつもりで遊んでいる子どもの姿から，ことばづかいや，日常生活の行動など家庭の状況が容易に推察で

き，なるほどと納得することがある。また，２歳児のパジャマの着替えの手伝いをする年長児の姿が，ことばのかけ方も，しぐさまでも担任とよく似ていて，ドキッとすることもある。

このように，子どもは，おとなをモデルとして，模倣し，生活や遊びに取り込みながら，しだいに「その子らしさ」をつくり出していくのである。

さて，保育所で生活する子どもは，一日の大半を家庭を離れて集団で過ごしている。保育所における保育時間は，それぞれの家庭の状況によって異なるが，年々長時間化している。しかも，乳児保育など低年齢から入所する子どもが増え，在籍期間も長期化している。したがって，保育所でどのように過ごすか，特に保育者がどのように子どもにかかわるかが，子どもの育ちに大きく影響することを意識して保育することが重要である。

（２）保育者に求められる人間性

私（筆者）が時折開く今は亡き父から譲り受けた一冊の本，それは，表紙がだいぶすり切れているが，昭和11年に出版された倉橋惣三の『育ての心』である。この第５章では，子どもの育ちに影響力を及ぼす保育者のあり方について，長い時間の経過を越えて，保育者に基本的に求められるものが，短かな文の中にあふれるばかりに盛り込まれている。『育ての心』の中から，いくつかを紹介しながら考えてみたい。

なぜなら，子育てと就労の両立支援のための多様な保育ニーズ（産休明け保育など乳児保育，障害児保育，延長保育など）と育児相談や一時保育など地域の子育て支援という多様な機能を担う保育者には，つねに「子どもにとって」という視点から，保育の原点に立ち戻り，保育者としての基本姿勢を問い直し続けることが必要だからである。

うっかりしている時[1]
その人の味はうっかりしている時に出る。
うっかりしている時に出る味でなくては，真にその人のもち味とはいえない。

教育の一番ほんとうのところは，屢々，その人のもち味によって行われる。まし
　て，相手が，いわば，最もいい意味で始終うっかりしている幼児たちである場合，
　我々のうっかりしている時が，如何に教育的に大切な働きをしているかは考えられ
　る以上であろう。
　　うっかりいう言葉，うっかりする動作，出あいがしらに，うっかりと見せる顔，
　その時出る我々のもち味こそ……略

　子どもは，全身で，しかも全感覚を駆使して，環境からの刺激を感じ取り，
自分の中に取り込むことで，成長・発達している。特に，倉橋が述べているよ
うに，保育者のもち味，すなわち，保育者の人間性が子どもに及ぼす影響が大
きいことを，保育者自身が認識する必要がある。人間は，自分の姿を直接見る
ことはできない。特に，保育の専門的な知識や技術，経験年数などを越えて，
にじみ出る「人間としてのもち味」つまり意識せずに発することば，表情，動
作を，自分で確認することはできない。人間の育ちにとって，大切なもので，
目には見えないものへ心を寄せ，自らの人間性を高めていくことが，保育者に
求められる第一のものであろう。

（3）保育所が組織体として多様な機能を果たしていくために

　保育は，直接組やグループを担当する保育者だけでは成り立たないことはい
うまでもない。保育所の職員は，所長（園長），主任保育士，保育士，看護師・
保健師などの看護職，栄養士，調理員，事務員とさまざまな職種の人が，常
勤・非常勤，またパートタイマーなど多様な勤務体制となっている。乳児保
育，しょうがい児保育などの推進により複数担任制の増加，長時間にわたる保
育の中での複雑なローテーション勤務体制，さまざまな専門性と職種の異なる
職員という状況で，職員の協力体制をいかにつくるかが大きな課題である。特
に，保育所の機能の拡大への対応と質の高い保育を確保していくためには，通
常の保育と相談業務も含めて地域の子育て支援事業とを関連性をもって実施し
ていくことが必要である。
　保育所の中で，所長や主任保育士のリーダーシップのもとに，職員一人ひと
りが，保育所という組織の一員としての自覚をもち，適切な役割分担がなさ

106　第5章　保育所における保育者の役割

れ，それぞれの力が発揮されることが大切である。

＜よさを認め合う＞

　そのためには，職員一人ひとりが互いに相手のよさを認め合い，認め合ったよさを互いに表現し合うことが大切である。大人も，子どもと同じように，自分のやっていることが，相手に理解されている，認められているということを実感したとき，自己を肯定的に受け入れ，さまざまな取り組みへの意欲を強化していくものである。よさを認め合う関係による信頼感に支えられた人間関係の中では，保育について，論じ合うことが可能になり，保育所内の問題が大きくならないうちに，適正な方向に是正されていくのである。保育所職員による子どもへの虐待など不適切な対応は，真の意味のパートナーシップが形成されていれば生じないであろう。

　こうした保育所の職員の協力体制ができていると，温かで，しかも生き生きとした雰囲気がつくり出される。それは，子どもの育ちに大きく影響するとともに，保護者や地域の人々にも，保育所が心地よい場として受け止められ，「利用者から選択される保育所」につながっていくのである。

　まずは，可能な範囲で新たな保育ニーズに応えながら，現在の職員集団がそれぞれの専門性や特性を生かし合える組織づくりが求められる。職員のチームワークのよさは，子ども一人ひとりを尊重する保育につながるからである。

＜目標に向かって機能する組織の一員になる＞

　保育所という一つの職場が，組織としてその目標達成に向かって十分な機能を果たしていくためには，保育者をはじめ全職員の意識と力量が問われ，さらに，その一人ひとりの力を生かし組織力に変換できるかにかかっている。

　まず，組織の目指す方向，具体的な目標を，全職員が共通理解することが必要である。そのためには「所長→職員」という一方的な流れではなく，職場内に職責や経験年数のいかんにかかわらず，一人ひとりの考えが尊重され，相互に話し合う雰囲気と場が確保されていることが必要である。組織を構成する一人ひとりが，組織の目指す方向性を共通理解し，各々の役割や業務を自己の課題としてとらえ，トップである所長のリーダーシップの下で，P（Plan）→D

(Do) →C(Check) →A(Action) という循環をくり返すことが求められる。この循環が常に組織の質の向上に向けて取り組まれていると、多様な機能を果たすことが可能な組織になる。組織としての力を高めていくために、保育所保育指針に示される自己評価とその公表、さらに平成14（2002）年度からスタートしている自己評価を基盤にした「第三者評価」が有効であることを認識したい。

2. 保育所が心身ともに心地よい場所になるために

保育は、子どもと保育者との相互の応答が継続していく動的な過程である。保育者の役割は、子どもにとって、保育所での生活が、心身ともに心地よい場となるように、生活設計することである。

（1）子ども理解に基づく生活設計

1）子どもを理解する人―今あるがままの状況を受容することの大切さ―

<事例２＞５歳児クラスで

　ある朝のこと、５歳児のＴ男が登所してロッカーの前に座り込んでいる。「おはよう、おいで」と保育者が声をかけると、「先生、おばあちゃんが、お母さんにお前が出て行けばいいっていうんだけど、それっていいこと、悪いこと、悲しいこと？」ということばが返ってきた。「悲しいことだと思う……」と保育者がいうと、「オレもそう思う」とＴ君。

　Ｔ君なりに家庭の事情を考えているのであろう。「交通事故でいいから死んじゃいたくなるんだよ」と寂しげにいう。

ある研究会での事例報告の一部である。Ｔ君の家庭は、離婚問題で揺れ動いている。父親が家庭内で、暴力を振るうなど不安定な状態である。わずか５歳の子どもが、こんなにも悲しいことばを口にすることを、保育者として、どう受け止め、何ができるのであろうか。この保育者は、Ｔ君のその時その時の思いを可能なかぎり、受け止め、スキンシップを十分にとってきた。Ｔ君にとっては、心許せる保育者に自分の思いを表現できること、その思いに共感してくれる保育者の存在が救いとなっている。

108 第5章 保育所における保育者の役割

＜事例3＞2歳児クラスで

「先生，すごい子なんですよ。いうこと聞かなかったら，ひっぱたいてくださいよ」ということばが，3歳になったばかりのMちゃんの祖母の，担任の保育者へのあいさつであった。昼食時，クラスの友達といっしょにしようとすると落ち着かない。ふと見ると，保育室の隅で壁のほうを向いて食べている。

　Mちゃんの家庭は一人親家庭（母親）であるが，祖母といっしょに生活している。それまでの家庭生活の中で，食事を家族といっしょにしたことがなかったという。一人で食事をし，一人でテレビやビデオを見ることがあたりまえになっている生活であった。Mちゃんにとって，友達や保育者とおしゃべりしながらの食事は，楽しい時間ではなく，不安で，落ち着かない，苦痛の時間であったのだろう。

　保育者は，Mちゃんのそれまでの養育環境を考慮し，無理のないかたちで，しだいに保育者や友達といっしょに食事をすることの楽しさを感じ取ることができるように，保育を進めていったのである。

＜保育の基本，それは受容＞

　保育所で生活する子どもは，一人ひとりがそれぞれの家庭・家族の状況を背負っている。子どもは，親を選択することはできない。運命的に親子という関係をもって，この世に生まれ出てくるのである。子どもの意志ではなく，運命的に定められた家族によって，あるいはその親の選択によって，家庭以外の場で養育される。子どもが健康で文化的な生活を送るために，基本的な欲求を充足し，また子どもの心身の健全な発達を確保することができるかどうかは，主たる養育者である母親や家族が，また保育者がどのように子どもにかかわっていくかが大きく影響するのである。

　事例2・事例3のT君・Mちゃんの場合，保育者は，子どものいま，このときのことば，態度，表情に耳を傾け，心を傾けて対応している。しかし，いま，このときの子どもを理解し共感していくことは，慌ただしい毎日の生活の中ではそう簡単なものではない。この二人ほどではないが，これに近いような家庭状況の子どもはどの保育所にもみられるであろう。一人ひとりの子どもの背景にある家庭状況までも含めて，とにかく，ありのままに受け入れる，あら

2. 保育所が心身ともに心地よい場所になるために　109

ゆる行為を承認するといった「受容」が保育のスタートである。子どもや家族
が，いま，そうせざるをえない状況にあること，そういう気持ちにならざるを
えない状況にあることへの共感が求められるのである。

廊下で[2]
　泣いている子がある。涙は拭いてやる。泣いてはいけないという。なぜ泣くのと
尋ねる。弱虫ねえという。……随分いろいろのことはいいもし，してやりもする
が，ただ一つしてやらないことがある。泣かずにいられない心もちへの共感であ
る。
　お世話になる先生，お手数をかける先生。それは，有り難い先生である。しかし
有り難い先生よりも，もっとほしいのはうれしい先生である。そのうれしい先生は
その時々の心もちに共感してくれる先生である。

　「子どもの心に寄り添う」とは，こういうことをいうのであろう。子どもの
心，内面が見えていないと，目に見える子どもの言動，態度にだけ反応してし
まうのである。

　みんなといっしょに食事ができない，自分から食べようとしない，洋服を着
ようとしない，思いどおりにいかないと蹴る・かみつく・物を投げる，おも
ちゃや絵本など踏みつけても平気で物を大切にしない，ふらふらと歩き回り落
ち着かない，保育者にまとわりつきベタベタと甘えるなどの子ども，忘れ物が
多い，時間を守らない，母親は着飾っているのに洗濯もせずに何日も同じ洋服
で登所させる，連絡帳に何も記述しない，仕事は休みのはずであるのに登所さ
せるなどの親，あげたら際限なく出てくるであろう。保育者にとって問題だと
思われる目に見える，耳に聞こえる具体的な言動を改めさせようと，直接的に
非難したり，叱責したり，指示をしても解決にはならない。反発や恨み，不信
感が生まれるだけである。

<子どものサインを読みとり，愛情深く対応する>

　子どもが出すサインに，気づき，愛情深く対応してくれる保育者には，心を
開き，甘え依存してくる。家庭環境が子どもの基本的欲求にこたえられていな
い，心休まる場になっていないときには，前述のような言動が，心の叫びのサ

110　第5章　保育所における保育者の役割

インになって出てくることが多い。子どもは，保育者が自分を受け入れている
かどうかを鋭く感じとるものである。

2）子ども理解に基づく見通しをもった保育をつくり出す人

①　子どもの主体性を尊重する保育と計画

　保育所における保育は，保育所保育指針にも示されているように，「子ども
が，現在を最も良く生き，望ましい未来をつくり出す力の基礎を培う」ことで
ある。この保育目標に向かって，一人ひとりの子どもが心身ともに安定した生
活の中で，それぞれの発達の時期に，どのような経験が必要かを見通した保育
を計画することと，子どもの実態に応じた柔軟な保育の展開が必要である。

　子どもの主体性を尊重することは，子どものやりたいことを好き放題，勝手
気ままにさせることでも，計画性のある保育を否定することでもない。また，
意図的・計画的に行われる保育が，子どもの自発的な活動を阻害することにも
ならない。計画性のない，その場限りの保育は，指導性や評価を放棄した放任
保育に陥ることになるのである。

　保育所における保育は，心身ともに心地よい生活環境の中で，子ども一人ひ
とりの情緒の安定がはかられ，自己を十分に発揮できるようにすることが必要
である。そのためには，それぞれの保育所は，児童福祉施設としての保育所の
目的や，望ましい子ども像，人間像を目指した保育目標を明らかにし，計画性
のある保育を展開していかなければならない。

②　保育実践の評価・反省を次の計画作成に生かす

　保育にとって大事なことは，計画通りに保育を進めることではない。保育を
終えて，一日の保育を振り返り，あるいは1週間，1か月間，さらには1年間
の保育を振り返り，省察することである。保育の計画作成があってこそ，振り
返り，省察することができ，こうした保育の評価を次の保育に生かすことにな
る。

　保育の評価とは，子どもの育ちの評価と，保育者の保育のあり方（子どもの
実態把握・ねらいや内容の設定，環境構成や援助）の評価である。この評価の基礎
となるのが，記録であり，保育を振り返って視点を定めて記録することで，子

どもの育ちと保育のあり方の課題がみえてくる。

保育は，計画（Plan）→実践（Do）→評価（Check）→改善（Action）→計画（Plan）の繰り返しであり，反省・評価を次の計画に生かすことが，保育者の力量と保育の質を高めることにつながる。

子どもらが帰った後[3]

子どもが帰った後，その日の保育が済んで，まずほっとするのはひと時。大切なのは，それからである。

子どもといっしょにいる間は，自分のしていることを反省したり，考えたりする暇はない。子どもの中に入り込みきって，心に一寸の隙間も残らない。ただ一心不乱。

子どもが帰った後で，朝からのいろいろのことが思いかえされる。われながら，はっと顔の赤くなることもある。しまったと急に冷汗の流れ出ることもある。ああ済まないことをしたと，その子の顔が見えてることもある。

一体保育は……。一体私は……。とまで思い込まれることも屢々である。

大切なのは此の時である。此の反省を重ねている人だけが，真の保育者になれる。翌日は一歩進んだ保育者として，再び子どもの方へ入り込んでいけるから。

---

③　保育の記録を「職員研修」に生かし，保育の充実と保育者の専門性を高める

保育所保育指針（平成29年3月告示）「第1章　総則」の「1　保育所保育に関する基本原則」「（1）保育所の役割　エ」には，保育者について以下のように述べられている。

「保育所における保育士は，児童福祉法第18条の4の規定を踏まえ，保育所の役割及び機能が適切に発揮されるように，倫理観に裏付けられた専門的知識，技術及び判断をもって，子どもを保育するとともに，子どもの保護者に対する保育に関する指導を行うものであり，……」。

さらに，第5章「職員の資質向上」の「1　職員の資質向上に関する基本的事項」では，次のように述べられている。

「保育所全体としての保育の質の向上を図っていくためには，日常的に職員同士が主体的に学び合う姿勢と環境が重要であり，職場内での研修の充実が図られなければならない」。

112　第5章　保育所における保育者の役割

　家庭や地域の子育て機能が低下し，子育てをめぐる状況が大きく変化している中で，保育者の役割の重要性が示され，専門職としての保育者の基本的姿勢が明記されている。研修は，外部の研修会への参加も必要だが，何よりも重要で，効果があるのが「所内研修」である。

　所内研修において，研修テーマにそった「資料」を，既存の記録を活用して作成し，職員間で検討することをすすめたい。保育日誌，月週案，週案日誌，連絡帳，あるいは保育経過記録など，資料となる記録はたくさんある。

　こうした記録の活用によって，記録は，次の保育に生かされるものになり，記録の取り方にも，工夫が生まれる。研修への参加が，職位の上の人からいわれたからという受動的なものであると，長続きしないし，研修内容の充実も期待できない。所内研修には，保育者自ら，保育を省察し，保育者としてのあり方を問い続け，専門性を高めようとする能動的な姿勢・取り組みが必要である。

　保育時間が長時間化し，ローテーション勤務の中で，職員会議さえ確保することが困難な状況である。職務体制と，効率よい研修のもち方について工夫し，継続して実施することで，一人ひとりの保育者の資質を高め，また保育の内容の充実につながり，そのことが，多様な保育ニーズにこたえることのできる組織になるようにしたい。

　3）子どもとともに生活をつくりだす人

①　保育所での保育の特性は，「養護と教育が一体となって行われる」ことを理解する。

　＜低年齢児の保育の中で＞

　低年齢児の保育実践の中で，例えばおむつを取り替える場面を考えてみると，まさに養護と教育が一体となって行われることが理解できるであろう。たとえば，「○○ちゃん，おしっこ出てたのね。さあ，きれいきれいしましょうね」とことばをかけながらおむつを交換し，「あー，きもちよくなったわね，あんよものびのび，いっちに，いっちに」とスキンシップをとるなど一対一のかかわりをもつであろう。子どもは，足をばたばたさせて喜び，じっと保育者を見つめ，喃語を盛んに発したり，笑い声をあげるなど，気持ちよくなった喜

2. 保育所が心身ともに心地よい場所になるために　113

びを体全体で表現する。

　おむつを取り替えることは，生理的欲求を満たし，生命を保持し，生活の安定をはかるための世話だが，同時に，保育者と子どもとの相互作用により，心身ともに快適な状態をつくり，情緒の安定がはかられ，保育者との信頼関係を育てることにつながる。こうした保育者のかかわりが，子どものことばの発達や人とかかわる力，清潔感などを育てていることになる。

　ところで，平成12（2000）年施行の保育所保育指針において，平成2（1990）年施行のものから「個々の子どもの排尿間隔を把握しながら，他の子どもの排泄する姿などを見ることによって……」の傍点の部分が削除されたことをあえて示しておきたい。集団で生活していると，一人ひとりを大切にした保育に努めているつもりが，人権を軽視するようなことを意識することなく，何気なく行ってしまうことも考えられる。保育者一人ひとりが，保育実践の中で，「子どもの最善の利益を考慮する，子どもの人権を尊重する」という視点で，日常のさまざまな保育を見つめ直すことが求められる。

＜3歳以上児の保育の中で＞

　養護的活動は，食事，排泄など，保育者が生活の援助・世話を直接的に行うが，そのかかわりを通して，子ども自身が心身ともに健やかに生きていくための心情・意欲・態度を育てる教育的な働きかけが同時になされる。また，子どもの主体的な活動である遊びの場面においても，子どもの心身の状態を的確に把握し，養護的な配慮をすることが必要である。このように，日々の保育実践は，養護的働きと教育的働きが区分されるのではなく，養護と教育が不可分一体として機能することが求められる。

　保護者に代わって，子どもを養育する保育者の信頼感に基づいた養護的なかかわりは，子どもの情緒を安定させ，能動的な活動を生み出す力となる。

②　一日の大半を過ごす場として～十分に養護のゆき届いた環境やくつろいだ
　雰囲気の中で保育するには

　保育所で子どもは一日の生活時間の大半を過ごす。心地よく生活する場として大切なのが，保健的で安全であること，そしてくつろいだ家庭的な雰囲気の

114　第5章　保育所における保育者の役割

ある環境で，子ども一人ひとりの生命が守られ，情緒の安定が図られることである。こうした環境をつくり出すことは，保育者の役割として重要である。

＜保健的で安全な環境＞

　保健的な環境とは，採光，換気，保温，湿度，清潔，防音などがあげられる。窓の開閉や，カーテンやブラインドにより，光や風通しの調節ができるようにしたいものである。体温調節が十分できない乳幼児期には，温度や湿度調節が必要であり，冷暖房の設備とともに，子どもの状態により適切に使用することが求められる。集団で生活する場として，保育室が清潔であること，特に乳児室や調乳室は細心の注意が必要である。手洗い場や便所，また飲料水の衛生管理，ゴミ処理，砂場の衛生管理，害虫の駆除などもある。

　安全に関しては，子どもの発達と行動理解に基づき，事故防止対策が必要である。例えばベッドの柵の高さ，保育室のドアの開閉の管理，固定遊具や玩具の管理，園庭の門扉の開閉管理などさまざまある。子どもの発達とともに，行動範囲が広がり，事故が発生する可能性は高まる。

　室内外全般にわたって，保健・安全に関するチェックリストを作成し，日々チェックする項目と，定期的にチェックする項目を明確にするとともに，だれが，いつ，どのように行うのかなど，その管理体制を全職員が理解しておくことも必要である。

＜家庭的でくつろいだ環境＞

　こうした保健・安全に配慮された環境を基盤に，いかにしてくつろいだ家庭的な雰囲気をつくり出すかは，保育者の手にかかっている。従来の集団生活型の保育室から，家庭的な生活空間に少しでも近づけるくふうが大切である。家庭で使われるような家具や植木などを置くことで雰囲気は変わる。照明も，従来の明るさだけを目的とするのではなく，柔らかな光や，明るさを落とした照明により落ち着いた生活を保障したいものである。

　長時間にわたる生活で，食事や睡眠の場と遊びの場が区分されていることが理想である。しかし，現状は，乳児の場合でも，家具やついたて，カーテンなどを利用して保育室の一角を食事や睡眠をとるスペースにしている保育所も多

いであろう。子どもが保育所でくつろげるのは，子どもの気持ちを温かく受け入れ，共感してくれる保育者の存在があり，保育者に甘えたり，あるいは一人でほっとするといった，自由なゆとりある時間，空間が確保されているからである。不安になったとき，悲しくなったとき，いらいらしたときに，慕っていける保育者を求めている。しかも，職員同士が仲がよく，温かな人間関係であると，保育所の雰囲気はくつろいだものになる。

　子どもは，こうした保育者との信頼関係を支えに，主体性を発揮しながら，しだいに保育所での生活の担い手になっていくのである。「安定感・安全性を得たいという欲求」を，また「保育者の愛情やクラスやグループへ所属し，友だちといっしょにいたいという欲求」を，さらに「保育者や友だちに認められたいという欲求」を満たすことで情緒の安定がはかられるのである。こうして情緒が安定することによって，子どもは，内在する自己の能力を発揮し，よりよく成長したいという欲求をもつようになる。

③　子どもの自発性を引き出す応答的で，豊かな環境になるために

＜応答性のある環境＞

　環境は，存在するだけでは意味がない。子どもにとって，「すごいぞ」，「ふしぎだな」，「どうして」など驚きや感動，疑問をわき起こし，活動意欲を生み出すものとなることが必要である。子どもにとって，生かされた環境になるためには，子どものかかわりに応じて，遊びに変化をもたらす遊具，玩具，日用品，自然物などが用意されていることや，子どもの思いや活動に共感し，ことばやスキンシップなど，さまざまなやりとりがあることがたいせつである。

　長時間集団で生活することは，子どもにとって，多様な刺激を受け，豊かな経験を重ねるという意味があることは否定しない。しかし，家庭を離れ，集団で生活するだけで，かなりのストレスが生じると思われる。入所当初・一時保育・地域の子どもが参加する親子教室など，新たな環境の中で，人との関係をもちにくい場合，思わず触りたくなる，動かしたくなる玩具，遊具があることで，「モノ」を介して保育者や他の友だちとのかかわりを生む。あるいは，延長保育など長時間に及ぶ保育で，一人で「モノ」とかかわることで疲労感をい

116　第5章　保育所における保育者の役割

やすこともある。ホッとする，ボーッとすることが，また友だちや保育者と
いっしょではなく自分一人で過ごすことが可能なスペースや時間も必要であ
る。

　さらに，保育環境は，所内だけではなく，地域環境に目を向け，公園，図書
館，商店，またバスや電車などの活用，家族，きょうだい，高齢者，近隣の人
とのかかわりをもつようにして，子どもの生活に広がりと，豊かさが出るよう
にしたい。地域から隔離した保育所ではなく，地域の動きや地域の人の息づき
を感じとりながら，生活する場になることが必要である。それには，まず，地
域を知ることであり，子どもとともに，地域環境マップを作成するなどして，
保育に生かしていくのである。

＜保育者に求められる豊かな感性＞

　子どもが，環境との出会いや触れ合いにより，心動かされ，感動したこと
は，保育者や友だちと共有し，思い思いに表現し，またその表現を認め合うこ
とによってはぐくまれていく。子どもがさまざまな環境との相互作用により生
み出すことば，行動，態度など，そのすべてが子どもの心の表現である。

　「豊かな体験」をするためには，子どもの感動を引き出す環境を用意するこ
と，そして保育者自身が感性豊かであること，すなわち子どもの感動する心に
共感し，その表現を共有し，いっしょに楽しむことが保育者に求められる。保
育者が一人ひとりの子どもの表現を認めることで，子どもは認められていると
いう充足感を味わい，自分の心の動きと表現したことの意味を意識化すること
ができる。それは，新たな環境へかかわる意欲を生み出すことにつながってい
く。保育者とのこうした安定した関係を基盤に，自分と同じように感じ，表現
し合う友だちの存在に気づくことにより，安心感や自信をもつようになる一方
で，自分とは違う感じ方をする友だちの存在にも気づいていくようになる。

　保育者に求められる感性として，次の四つをあげたい。

●「子ども」への驚く心

　「おや，この子にこんな力が。……えっ，あの子が目を輝かしている……」
という驚く心である。子どもの自ら伸びようとする力を信じ，子どもの刻一刻

変化する姿，子どものかすかにして短い心持ちの変化にも気づく繊細な心があると，保育者は，子どもといっしょにいることが楽しくなり，優しいまなざしが子どもに向けられるのである。

● 自然の変化に感動する心

季節の変化とともに変わる木や草花，空の色や雲，風のそよぎを感じ，春を待つ木々の芽，落ち葉のかさこそという音や香りなどに感動する心である。散歩で，子どもが立ち止まり「あっ」と白い小さな花を咲かせた雑草を見つけたことに気づき，共感できる保育者であるのか，「さあ，早く，早く」，「しっかり手をつないで，まっすぐ歩いて」と目的地に到着することばかり気にかけている保育者なのか，子どもの感性の育ちに影響する。散歩で摘んだ野草を，花瓶に入れ，さりげなく子どもの目に触れる所に置くような保育者でありたい。

● 芸術や文化に触れ，感動する心

心豊かな生活を求める保育者は，書物を通してさまざまな世界との出会いや，コンサートや美術館に出かけ，音楽に耳を傾けたり，絵や彫刻の鑑賞をすることで，生活に潤いが生まれ，精神的満足感を得る。本物と出会う喜びを体験することで，新たなエネルギーが生み出される。

筆者がパリ郊外の保育施設を訪問した折，子どもたちがバスで帰ってきた。これから，粘土で造形活動に取り組むので，ロダン美術館に行ってきたとのことであった。いつまでも心に残るひとこまである。

● 保育者がつねに自分自身に関心をもち，新たな自分を発見し，自分の変化を楽しむ心

自分自身を肯定的にとらえ，大切にする心，新たなものや人との出会いにより，それまでとは異なる自分を発見したり，新たなものをつくり出すことを楽しむ人は，生き生きとした表情や行動になっている。

このような感性豊かで，創造することを喜びとする保育者の存在が，子どもの豊かな感性を育て，子どもの発想や発見を大切にした保育実践につながるのである。

④ デイリープログラムに基づいた安定した生活

デイリープログラムは，一日の保育所での生活が，子どもにとって心身とも

118　第5章　保育所における保育者の役割

に心地よく，安定したものになるように作成されるものである。日々繰り返される食事，睡眠などと遊びを，生理的リズムを基本にして，子どもの活動と保育者の養護・援助活動（複数担任など保育者の役割分担も含む）で構成されることにより，保育が一貫性のあるものになる。

　特に3歳未満児については，一人ひとりの異なる生活リズムやその日の状況を受け入れながら，柔軟なデイリープログラムの活用により，しだいに健康的な生活リズムにしていくことが大切である。

　クラスの年齢構成や季節により，子どもの実態に合わせて柔軟性をもって，変更することが必要である。デイリープログラムは，あくまでも子どもが主体であり，子どもの状態，天候，保育のねらいなどにより，弾力的に対応していくことが必要である。

4）保育者相互の協力体制で保育する人

①　フリーの保育者との協力体制での保育

＜子どもを中心においた園での生活＞

　子どもは，養育者としての親，祖父母，保育者などや仲間としての友だちの言動に影響されて成長・発達していく。保育所で一日の大半を過ごす子どもにとって，クラス，担任，保育室，時間の流れといったさまざまな生活の枠組みは自分の意思とは無関係に決められている。おとなは，過去，現在，未来の時間の流れや状況をある程度見通して生活することができる。また，物心ともにある程度の準備をすることができる。しかし，子どもは何もわからないままに，おとなの都合によって生活環境が変わっていくのである。

　したがって，保育所に入所してから，あるいは新たなクラスに進級してから慣れるまで，また体調の悪いときや家庭・クラスでの人間関係が不安定なときには，「いま，この子どもが求めている人，場，時間が確保され，心身ともに安定すること」が特に必要である。可能なかぎり担任が，子どもやその家族との個別的なかかわりをもち，保育所を心休まる，心地よい生活の場にしていくことがたいせつである。担任がクラスの保育の中だけで，個々の欲求に適切にこたえることは難しい。

2. 保育所が心身ともに心地よい場所になるために　119

あるフリーの保育者の立場からの記録の一部を紹介してみよう。

事例4＜クラス担任が大好き！　頼りにしている，でも……＞

　他園から移ってきてから1週間たつが，5歳児のY君は事務室に日に何度もやってくる。友だちの中に入りたいのだが，まだうまくかかわることができず，自分の思いどおりにならないと手が出てしまう。担任が「Y君だって，ぶたれたら痛いでしょ？」と注意すると「痛くないね，ぶたれたらもっと強くぶってやる」という答えが返ってくる。担任がサッカーをするなどいっしょに遊んでいるときは，うれしそうにしているが，ほかの仕事で遊びが中断したり，他児とかかわったり，注意をすると事務室に来るのである。入園後3週間，午睡が嫌だといって事務室に来ることが多くなる。「眠くなるまでここにいていいのよ」（Y君，粘土を自分でもってくる）「先生，おそばこねてるみたいでしょ」「おそばをこねてつくるって，Y君，よく知っているね」「だって，おばあちゃんがつくるんだ」「Y君，おばあちゃんといっしょに住んでるの」「ううん，車で行かないと行けないよ」「そう，遠いんだね」「ぼく，おばあちゃん大好きなんだよ」……おばあちゃんを思い出していつになく，Y君の心が落ち着いてくるような雰囲気であった。

　翌日の担任の日誌には〈……Y君は，自分の居場所が事務室にもあると安心している様子。午睡前は，他児と同じペースで着替え，保育者におんぶをせがむ。しばらくしていると，自分から布団に入ることができた……〉と記されている。

　4月末には，事務室に来る回数が減り，また，顔を出しても，クラスに戻るのが早くなり，少しずつ安定してきたように思われる。

＜固定的クラス担任制からチームワークでの保育へ＞

　多くの保育所では，年齢別あるいは3・4・5歳児など異年齢編成でクラスが分けられ，クラス担任が子どもの保育と家庭とのかかわりも含めて責任をもっている。Y君のクラス担任も，友だちの中にうまく入っていけずに，イライラしているY君のことを気にしながらも十分に対応できていない状況に悩んでいるのである。こんなとき，担任は「私のクラスの子どもは，私が……」と気負いがちになり，一人でクラスをまとめていこうとする。その結果，子どもへの規制が多くなり，またじっくりと子どもとの遊びやかかわりができなくなり，どの子どもも欲求不満に陥る。一方，「他の保育者に援助を求めたい。でも，それは私が担任として力不足だということになる。また，子どもが担任以

外の保育者になついてクラスに戻らなくなってしまうのでは……」などいろいろな思いが交錯する。これは，従来の定型的な保育・教育でのクラス担任がすべての業務と責任をもつクラス至上主義が大きく影響していると思われる。「クラスに戻らないのでは……」と担任は心配するが，保育所の中に一か所安定した場ができると，子どものほうから，担任やクラスの友だちや活動に興味を示し始め，ちょっとしたきっかけで担任の元へ戻っていくことで解決する。

＜クラスの子どもではなく園の子どもとして＞

さて，Y君はほかの友だちから離れ，いつもとは異なる場所（事務室）で，フリーの保育者と一対一でゆったりとした時間をもつことで，園の中での自分の居場所を得ている。保育者に受容され，情緒が安定すると，子ども自身の中で，もつれ絡み合っていた糸がほぐれていく。Y君のおばあちゃんへの思いが保育者とのわずかな時間のやりとりを通して言語化され，相手との間に心の交流がみられるのである。フリーであることにより，時間的にも心理的にも比較的ゆとりのある保育者は，親に対しても直接的に，また一方的に注意や指示を出すのではなく，親が安心して本音を出し合える関係をつくり出すことができる。

担任として，クラスの保育に入り込んでいると案外見過ごしていること，気づかないことがあり，フリーの立場で保育所全体の状況を把握し，客観的に子どもや家族の姿をとらえている保育者の存在意義は大きい。フリー保育者から担任へ子どもや親とかかわった状況を伝達し，クラスでの保育や家庭支援に生かされていく，また，クラスの状況をフリー保育者に伝達していくという保育者間の循環がたいせつである。

5）多様な保育ニーズへの対応―乳児保育を担う保育者―

多様な保育ニーズの中の，乳児保育について，その基本が何であるかを考えてみたい。なぜならば，乳児保育は，保育の原点であり，いま，求められている保育ニーズのほとんどが，乳児保育・低年齢児保育と関連があるからである。

2. 保育所が心身ともに心地よい場所になるために 121

＜乳児保育の基本＞

　ア．保健的で，安全でしかも家庭的でくつろいだ環境の中で，一人ひとりの乳児の生命が守られ，心身ともに快適に過ごす

　嘱託医との連携を強化し，健康診断のときだけでなく，必要なときに相談できる体制をつくっておくことが大切である。乳児期は発達の特性である未熟性が原因となる疾病にかかりやすく，また重症になりやすい時期である。また，アトピー性皮膚炎などアレルギーの乳幼児も増えている。特に，除去食については，必ず医師の指示に従うようにしなければならない。

　乳児保育では，当然であるが，保健的で安全な環境を用意し，生命の保持が最優先される。乳幼児突然死症候群の発生の危険性もあるため，ベッドや寝具など設備面の点検とともに，一人ひとりの注意深い観察や記録が必要である。

　また，長時間生活する場として，従来の保育室の考えから脱皮して，家庭的でほっとできる保育室が求められる。

　イ．個別保育を重視し，個人差に十分配慮して，乳児の基本的な欲求（生理的欲求や甘え・依存の欲求）を，保育者が優しく，スキンシップを十分にとりながら満たすようにする

　一人ひとりの発育・発達を的確にとらえ，生理的欲求を単に満たすのではなく，スキンシップを十分にとりながらの優しく愛情深い保護や世話により，情緒の安定をはかることが大切である。

　ウ．特定の保育者との継続的な，愛情深いかかわりにより，人への基本的信頼感を形成する

　特定の保育者との継続的な相互作用により，人への信頼感を形成することが，人間としての育ちの基盤になることを認識して保育する。乳児保育は複数担当制である。保育時間の長時間化，非常勤の保育者の占める割合が高くなるという状況の中で，柔軟なかたちでのグループ担当制をくふうしてとることにより，特定の保育者とのきずなを基盤にしだいに人とのかかわりを広げていく。

　担当制をとることは，保護者と保育者との信頼関係をつくるうえでもたいせ

つである。連絡帳や保育経過記録なども，継続的に子どもの育ちを記録することで，子どもの変化を点ではなく，線として見ることができ，さらに家庭との共育ちを目指すことで，子どもの育ちを多面的に見ることができる。

エ．乳児の生活が安定していくためのベースとなる睡眠と覚醒のリズムを確立し，健康的な生活リズムにしていく

目覚めているときには，十分に相手をし，安全で，静かな環境を用意し，十分な睡眠をとれるようにすることが保育者の役割である。家庭での生活リズムを把握しながら，次第に健康的な生活リズムとなるよう，家庭との連携がたいせつである。

オ．情緒の安定を基盤に，乳児の自発的な活動をたいせつにする

乳児保育において，養護的な活動が中心となるが，乳児の自発的な活動，遊びをたいせつにしなければならない。姿勢・運動や感覚機能の発達を的確にとらえ，自発的な活動を生み出す応答的環境を用意することが保育者の役割である。ベッドや室内の床の環境，玩具や遊具などきめ細やかな配慮が必要である。

カ．家庭との連携を積極的にはかり，一日24時間を視野に入れた保育を進め，家庭と保育所とに二分されて生じる不安や混乱を避ける

相互の信頼関係に基づいた連携が大切である。具体的な連携の方法としては，日々の朝夕の送迎時のやりとり，連絡帳，懇談会，保育参観や保育参加などがある。

家庭の子育て機能の低下が進む中で，子どもとの共通の感動体験を通して，親も子どももともに育つ場を提供することも必要である。親から子育ての機会を取り上げてしまうのではなく，パートナーシップを組むことが求められる。

キ．職員の協力体制をつくり，共通理解とそれぞれの役割を認識して保育を進める

乳児保育は複数担当制であり，しかも保育士，看護師（保健師），栄養士，調理員の協力体制があって成り立つ保育である。それぞれの専門性を生かした役割を認識して業務にあたることが大切である。

さらに，保育時間が長時間化する中で，子どもの安定した生活を第一義にし

た，パートタイム職員を含めてのローテーション勤務のくふうが必要である。

（2）保護者との緊密な連携のもとに保育する人─保護者への「子育てと就労の支援」に基づく生活設計─

＜保護者との信頼感の形成＞

　さて，母親や家族との関係でたいせつなのは，保育者との信頼感が形成されることである。信頼感は，子どもとの生活の中で，世話をし，共に遊ぶことを通して子どものプラスの変化を具体的に伝え，子育ての喜びを共有することを積み重ねていくことで形成される。信頼感ができると保育所に無関心であった親や家族が，保育者のことばに耳を傾け，子どもに手をかけること，いっしょに遊ぶことの大切さに気づくなど，変容がみられるようになることが多い。

1）保護者の就労と子育ての両立を支援し，育児不安などを軽減する

　わが子を保育所にあずける保護者の複雑な思いを受け止め，不安感を軽減し，保護者の就労と子育ての両立支援をしていく。さまざまな価値観と生活背景をもつ家庭への支援は，担任だけでは不可能である。園長や主任との連携が必要になるであろう。保護者の安定は，子育てにプラスに作用する。

2）気になる子どもと保護者の姿

　子どもをめぐる環境の変化の中で，保育現場でも，気になる子どもや親の存在が課題になっている。保育者への調査の中で「保育者として子どもおよび保護者の姿の中で気になること」を設問した。回答率の高い順に3項目を以下に示す。

① 子どもの姿

- 情緒の不安定（すぐ泣く・かんしゃくをおこす・かみつく・いらいらしている・突然長泣き・親のかかわり不足・親の前でいい子など）
- 健康状態（夜型の生活リズム・睡眠不足・午前中遊べない・熱があっても登園・朝食を食べてこないなど）
- 問題行動，習慣（すぐかみつく・たたく・トラブルが多く粗暴・指しゃぶりなど）

124 第5章 保育所における保育者の役割

② 保護者の姿

- 子どもへのかかわり（かかわりが少ない・会話が少ない・スキンシップが足りない・甘えさせてあげない・人任せの子育て・世話をしない・放任・悪いことをしても怒らない，怒れない・子どものいいなり・過保護など）
- 親の生活態度（親中心の生活リズム・親の都合で子どもを振り回す・時間にルーズ・忘れ物が多いなど）
- 園への関心（通知を読まない・行事への参加がない・無関心であるなど）

　子どもは，その背景にある家庭，親の影響を受けている。その親もまた自身の子ども時代の育ちの環境や体験により，いまこの時の自分がある。子育てにかかわるさまざまな人や機関が，互いに責任を転嫁し，非難し合うのではなく，「子どものいまある姿からスタートすること」を第一義にした，子育ての喜び・楽しさ，そして悩みをも共有できる多様な機会をつくっていくことが求められる。

　また，保護者に育児不安等が見られる場合には，保護者の希望に応じて助言をすること，また，不適切な養育等が疑われる場合は関係機関と連携し個別の支援を行うことが必要である。こうした保護者への個別的な支援が，保育者の役割として求められている。

3）家庭を視野に入れた保育の計画と実践

　保育所保育指針では「第1章　総則」の「1　保育所保育に関する基本原則(2) 保育の目標　イ」に「保育所は，入所する子どもの保護者に対し，その意向を受け止め，子どもと保護者の安定した関係に配慮し，保育所の特性や保育士等の専門性を生かして，その援助に当たらなければならない」としている。

　子どもの保育所での生活が，家庭，特に保護者の価値観・育児観に基づく，育児行動・家庭生活との連携のもとに展開されることの重要性，すなわち，両者の子育ては，車の両輪のような関係にあることは十分に認識されている。そこで，相互に理解し合うために，連絡帳のやりとり，懇談会，保育参観・保育参加，個人面接，クラス便り・園便りの発行などさまざまな取り組みや努力がなされている。個々の保護者の意向を受けとめ家庭を視野に入れた，保育の計

画・記録に生かしていくことが求められる。各保育所の指導計画には「家庭との連携欄」が設けられているが，行事などの連絡事項，その時期の一般的な配慮事項の伝達の域から出ていないものもある。

K保育所の「家庭生活を視野に入れた個人記録②」は，今後の保育所保育の一つのあるべき方向を示すものである。日々の家庭と保育所での24時間の生活をとらえた「連絡帳（複写式で1枚は家庭へ，もう1枚は保育所でファイルされ，児童票として活用）」をもとに，月の終わりにまとめる「育ちの経過記録」という0歳児の個別保育記録の新たな試みである。この「育ちの経過記録」の項目には，次のようなものがある。

- 子どもの姿に対する保育者の配慮
- 日々の子どもの姿・特記事項
- 保育に対する所見および反省
- 食事状況
- 保護者からの希望や願い
- 家庭で見られた子どもの姿
- 保護者の悩み・質問に対して保育者は……
- 保育者からみた家庭に対する思いは……など

「保育所での保育の状況」と「家庭で見られた子どもの姿や保護者からの希望や願い・悩みなど」とを関連づけ，まさに保育所と家庭が一体となって，子育てをしていく基本姿勢が1枚の記録に凝縮されている。

4）保護者とともに子育ての楽しさを共有する—保育参観型から保育参加型へ—

「保育所は……家庭との緊密な連携の下に……養護及び教育を一体的に行うことを特性としている」と，保育所保育指針「第1章　総則」「1　保育所保育に関する基本原則」の「(2) 保育所の役割　イ」に書かれている。この「連携」は，子どもの実態を理解し，保護者と保育者がパートナーシップを組むことであり，子どもの心身ともに健やかな育ちを実現していくのである。いま，知識はあり，またさまざまな情報はもっているが，子どもとどのようにかかわったらいいのかわからない保護者が増えている。

食事を薄味にし，食べやすく刻むこと，親子で触れ合って遊ぶこと，絵本を

126　第5章　保育所における保育者の役割

読み聞かすことなど，あたり前のように行われてきた子育ての伝承がなされに
くい現代，保護者にとって直接体験することが必要である。「こんなに笑って
喜んでいる，家でパパとやってみるわ」，「こんなふうにやるのね，私もやって
みるわ」と，保育参加後，子育てに意欲的に取り組む姿が見られる。

　この参加型は，運動会や発表会など，いつもと異なる特別の行事ではなく，
いつもの状態の中で行われるところに意味がある。そこで，保護者が参加しや
すいように，また一度に多くの参加者にならないように，選択肢をたくさん用
意することが求められる。例えば，ある2週間を参加期間とし，その中から都
合のよい日を選択するのである。保育者も子どもも，いつもと同じペースで保
育が展開でき，保護者もごく自然に，子どもたちと触れ合うことができる。

　保育者の子どもとかかわる姿に直接触れ，また適切な助言を得ることを通し
て保育者への信頼感が強化されるのである。

3. 地域の子育て支援

　保育所保育指針「第4章　子育て支援」の中で，保育所における子育て支援
の留意点，基本的事項，また，保育所の特性を生かして，保育所を利用してい
る子どもの保護者に対する子育て支援と地域の保護者等への子育て支援を積極
的に取り組むことの必要性を述べている。

（1）一 時 保 育

　就労形態の多様化や，保護者の社会活動の参加，育児疲れのリフレッシュの
ために断続的に保育を必要としている，また保護者の疾病・入院などのため緊
急に保育を必要としている場合の保育である。核家族が大半を占め，また地域
連帯性の希薄化に伴い，こうした社会支援が必要となっている。長年にわたっ
て，保育を必要とする乳幼児を，しかもそのほとんどが，特別の事情がないかぎ
り，就学するまでは退園しないという定型的，継続的で計画性をもつ保育に
なじんできた保育者には，まだ戸惑いがある。

3. 地域の子育て支援　127

　一時保育の利用者のほとんどは，３歳未満児である。一時保育実践のために求められるくふうの一つは「安心できる環境づくりと遊びを誘う環境づくり」である。「いつまでもここにいたいな」，「またここにきたいな」と子どもが感じるような場でありたい。二つには，「担当する保育者」は，豊かな保育経験と，一時保育への意欲的な姿勢，さらに所内外の人的・物的環境を活用できる力量のある人が求められる。それは，一時保育は，担当者を中心に行われるが，子どもの年齢や，心身の状態や人数などにより，在所児のクラスやグループの保育に入る必要もあり，こうした子どもを受け入れる保育所全体の職員の協力体制なしには，成り立たないからである。三つには，「子どもの健康チェックと緊急時の連絡方法の確認」である。ここでも，万が一の状況を考慮して，嘱託医などとの連絡をとり，協力体制をつくっておきたい。

　突然の母子分離による子どもへのマイナスができるだけ出ないように，従来の母子分離型で進める保育に対し，母子参加型で，事前に，保育所での生活を２時間から半日程度過ごすことも一つの方法である。

（2）子育て相談

　家庭や地域の育児機能が低下し，子育てに悩み，孤独感の中で不安になり，育児ノイローゼや虐待という状況にまでいたっている保護者が増加している。保育所が長年にわたって，多くの乳幼児の保育を通して蓄積してきた保育のノウハウを提供し，こうした地域の子育て家庭の育児相談など子育て支援センターとしての機能が求められている。

育児相談 1

　おだやかに，ゆったり接しているように見える母だが，家にいるとイライラして些細なことでヒステリーをおこしてしまう。たたくことはもちろん，泣いている子を無視することさえある。朝起きたとき，枕元で「おかあさん，おはよう」という子どもの声を聞いただけで，「また，この子と二人だけの一日が始まるのかと思うと，目を開けたくない」と涙を溜めて話す。

　でも，保育所に来る日は，先生や他のお母さんたちと話ができ，この日だけは，子どもに優しくなれる。

---

128 第5章 保育所における保育者の役割

> **育児相談2**
> 9か月頃から夜突然泣き出して，どんなに抱っこして歩いても泣き止まない。ミルクを作っても飲んでくれない。うちの子だけ異常なのかと悩み，かわいく思えない。朝，ごみを出しにいったら「昨日もよく泣いていたね，大変ね」と，近所の人に言われショックだった。それからというもの，外に出るのも人目を気にし，夜子どもが泣くと口を押さえて声が聞こえないようにしたり，気が変になりそうだ。

　いずれも，F市の保育所の子育て支援センターでの「子育ておしゃべり会」での相談内容である[4]。家庭において，一人で悩み，苦しんでいる母親が，何回か保育所に訪れ，相談し，口に出すことで，また他の仲間や保育者の温かな受け入れによって，自分自身で解決していく姿が多く見られるのである。専門機関での相談と異なり，多くの子どもの生活の場である保育所の子育て支援センターでは，ごく自然に相談や体験ができるという特徴がある。この子育て支援センターは，公立13所が協力体制をつくり，当初イベント的事業を計画したが，会が終了した後の，母親たちのおしゃべりを楽しむ姿から，特別な事業よりも，「話を聞いてほしい」，「不安な気持ちを理解してほしい」，「どうしていいかわからないことにアドバイスしてほしい」という母親のニーズに気づいたのである。

　保育者に求められるのは，相談援助の基本を学び，まず相談者の話を傾聴することである。また，相談内容を見極め，他の専門機関などの連携が必要かどうか，的確に判断する力である。保育所ですべてを抱え込むのではなく，地域に存在する設備や機能をコーディネートすることが重要な役割である。このセンターでの試みですばらしいのは，保育者主導でスタートした事業から，母親たち自身が会の運営にかかわり，例えば，「プロの人形劇を観劇していた立場から，人形劇を自分たちで演じる立場に変わっていった」ことである。

　保育所が，まさに地域の子育て支援のセンターとして機能し，地域になくてはならない存在になり，地域の子育て機能を高めることに寄与しているのである。

4. 育ち合う喜びを伝え合うために

（1）保護者へ─連絡帳でのやりとり─

連絡帳を通して，保護者が変容していったひとつの事例をみてみよう。

Aちゃんが1歳6か月で入園した当初，母親は，生活環境が大きく変わり，二人暮らしになったばかりの生活で，子育てがとても負担となっていた。母親が迎えにきても喜ばないAちゃん，連絡帳には，食事欄の「牛乳」と次のような内容が記入されていた[5]。

> 母親より
> 日に日に活発になる我が子にイラ^2（イライラ）です。

園では保育者が協力体制をつくり，Aちゃんにはスキンシップを十分にとり，母親へはAちゃんの園で楽しく遊ぶ姿を伝えたり，リフレッシュの時間を設けるようにしたのである。そして，こんなにも変わったのである。

> 母親より
> わたしが手にけがをしたら，Aがカットバンをもってきて「いたい，いたーい？」と傷をみてフーフーと吹いたり頭をなでてくれました。心配そうにしているAがとってもかわいくなりました。まだまだいたずらも多いのですが助けられることもたくさんでてきました。

> 保育園より
> Aちゃんのやさしい看病でお母さんのけがも早く治るかもしれませんね。こんなやさしい思いやりがお母さんの心の支えですね。

保育者が，「子どもの健やかな育ち」を第一義にするという立場になって，受容的・親和的態度で保育に取り組み，子どもの変化をていねいに伝えていくと，保護者にも必ず変化が生まれる。人は，十分に愛情を受けて育つことによって，自分がかけがえのない，大切な存在であることを，身体全体で感じとるのである。かけがえのない自分を意識し，自分を大切にすると同様に，自分とは異なる存在である他者に対しても，優しさをもつことが，人の育ちのうえ

で重要である。このやさしさは，母親や保育者など，主たる養育者に十分手を
かけてもらいながら，相互作用の中で学び，身につけていくのである。

　Aちゃんのやさしい言動は，それまでにAちゃん自身が保育者などおとなに
してもらったと同じようにしたのであろう。子育てにイライラしていた母親
を，わが子のことをかわいい，さらにわが子に助けられていると思うほどに変
容させたのは，Aちゃんの優しさである。保護者が，手をかけ，いっしょに遊
ぶなどしながら子育てをすることが，楽しく感じられる，心の充足感につなが
ることを，連絡帳や朝夕の出会いのやりとりを通して，実感していくのであ
る。連絡帳は単なる報告ではなく，心と心のやりとりが行われ，互いに信頼感
で結ばれていくことが重要である。こうした共育ては，子どもを中心に置き，
保護者も保育者も人間としての育ちの手応えを覚えながら行われるのである。

　さて，平成11年の「社会環境が結婚・出産・育児に及ぼす影響に関する研
究」のレポートの中に次のような報告がある[6]。

● 育ってきた家庭に満足感のある女性は，不満足感のある女性よりも子どもの話を
　よく聴くようにしている人が多い。
● 不満感のある女性は，子どもが可愛いと思ったり，時には煩わしいと思ったり，
　子どもに対する気持ちの揺れが大きい。

　「子育て」は，伝承されていく。やがて，Aちゃんが親になり，子育てをす
る立場になるであろう。このレポートでは，親が自分の育った家庭への満足感
度により，子どもへの対応に違いがあるというのである。いま，児童に対する
虐待の急増が社会問題となっている。虐待を受けた人は，もちろん全員ではな
いが，かなり高い比率で虐待をするようになってしまうといわれている。いわ
ゆる世代間伝達である。いまの「子育て」のあり方が，その子どもの育ちに影
響するのはもちろん，次世代にも影響を及ぼすことを認識しなければならな
い。したがって，多様な保育ニーズにできるだけ応えながらも，保護者から子
育ての機会をすべて奪ってはならないのである。子育てが次世代へいいかたち
で伝達するように，保育者の役割は，子育てを保護者とともにつくり出す，お
おげさないい方になるが，新たな子育て文化を構築することにある。

（2）地域へ発信する

＜地域の子育て支援をコーディネートする＞

　一人ひとり異なる育児環境を背負っている子どもは，さまざまな場面で，「ぼくのほうを向いて」，「私の心の中まで見て」，「一人でいたいの」，「…………」と保育者に訴え続けている。また，親も「子どもと遊ぶって，どういうことなの」，「気がつくと子どもをしかっているの，どうしたらいいの」，「…………」と訴えている。さらに地域に目を向けると，「マンションでのわが子と二人だけの夫を待つ生活に疲れ果てた」，「公園へでかけるのも不安」，「離乳食はどのようにつくるの」など産休明け保育，一時保育，育児教室，育児相談と保育者・保育所を必要としている人が多く存在する。一方，地域には，子育てを終えて，あるいは定年後，「自分のもつ力を社会に役に立てたい」，「さまざまな人とかかわりたい」というニーズをもつ人も存在する。

　全国で取り組まれているファミリーサポートセンターは，市民の相互扶助による新たなコミュニティのあり方として注目したい。保育所として，保育者としての役割は，地域のさまざまなニーズや人材・施設をコーディネートすること，またファミリーサポートする人の研修を担うことも考えられる。保育所の枠内だけの機能から，地域へ出ていくことも必要である。

＜保育の場から学校や地域へ発信する＞

　最近，小学校の校長や教師が保育所を訪れ，保育の状況を理解し，学校教育に生かしていくことを目的に教師の保育体験が行われるなど，保育所や幼稚園と小学校との連携が，従来とは異なるかたちで進んでいる。

　また，平成29（2017）年告示の保育所保育指針では，「保育所保育において育まれた資質・能力」を踏まえ，小学校とのさまざまな連携を図ることと，就学に際し，子どもの育ちを支えるための資料（保育所児童保育要録）を小学校へ送付することが記載されている。さらに，保育の場から地域に向けても積極的に発信していくことで，新たな教育の流れをつくる一助になるであろう。保育所のさまざまな機能や，子どもの育ち，子育て情報など，まだまだ保育所についての情報は発信されていない状況である。ミニ広報誌，ホームページなどす

132　第5章　保育所における保育者の役割

でに積極的に，しかも継続して地域へ発信している保育所もある。

＜保育の評価と研究的取り組みを基盤に＞

　こうした発信をするためには，一人ひとりの保育者が日々の保育実践の評価，保育所としてのさまざまな取り組みの評価が的確に行われていることが前提である。保育の自己評価や第三者評価に関心をもち，保育の質の向上に向けた取り組みを，保育所が組織として行うことが求められる。また保育が創造的で，目には見えないものを，数値では表せないものを大切にする営みであることを意識して，保育者はつねに研究的に実践に取り組むことが求められる。

　津守真は「子ども学は子どもとは別のところでつくられた理論の応用ではない。子どもとふれるところにつくられる知恵である」[7]と述べている。「子どもとともに」を大切にする保育者でありたい。

〔引用文献〕

1）倉橋惣三『育ての心』p.31，フレーベル新書
2）同書，p.22
3）同書，p.45
4）入江真理子「地域子育て支援センター事業を通じて学んだこと」『全国保育士研究紀要1999』1999．12，p.136
5）全国社会福祉協議会「指導計画1歳児」『保育の友』2000．3月号，p.64，65
6）高野陽「子育てに関するアンケート調査リポート」p.16，1999
7）津守真『保育者の地平』p.268，ミネルヴァ書房，1997

■参考文献

・厚生労働省「保育所保育指針解説書」フレーベル館，2008
・増田まゆみ「今後の保育所のあり方に関する一考察」『小田原女子短期大学研究紀要』1998．3
・増田まゆみ他「保育所・保育者と家庭との連携に関する研究」『小田原女子短期大学研究紀要』1997．3
・全国社会福祉協議会「保育に生かせる記録の書き方」『保育の友』1998．2月号

第6章 保育者になるための学習課程

1. 保育者への原点（出発点）

（1）保育の意味の自覚─幼児期の体験から─

　だれもが幼いとき，転んだときに痛いところをなでてもらった温かい手の感触，高くて取れないものを取ってもらってうれしかった記憶，あるいは料理をつくる母親や壊れた物を直す父親の手つきを見て感心した思い，なぜだか自分のやったことでひどくしかられたなどの記憶などをもっている。それは漠然とした記憶ではあっても，自分の周りにいる人が自分を守ってくれているという感覚や，助けてもらってできるようになる感覚，見習いたい，また，何かしてはいけないことがあることを知らされた感覚などである。こうした感覚に支えられて，保育する・保育されるという営みが伝わっていく。「なぜ」とか，「どのようにして」という方法的な問題の前に，幼いころに守られ，教え導かれて生活してきたという基本的信頼感をもつことが保育者になる基本である。それは保育の実際においては，ほとんど無意識に，あるいは直感に頼って行為することも多く，それは自分が体験した（受けた）保育的かかわりを手がかりにするからである。

　だれでも同じように保育的なかかわりは体験しているわけであるが，そのことの意味をより深く受け止め，自分の中心的な課題としようとするところから保育者への道が始まるといえよう。

　保育者になることを希望する学生にその動機を尋ねると，「幼稚園や保育所のとき自分を受け持ってくれた担任のようになりたいから」とあこがれを語ることが多いのは当然である。あるいは，「自分の親が共働きでさびしかったから，そのような環境にある幼児の保育をしたい」という場合もある。後者は自分の幼いときの不足感から保育者を目指しているけれども，その背後に温かい

134 第6章 保育者になるための学習課程

保護された感覚があり，その必要性がわかるからであろう。もし，テレビや物語などに出てくる保育者の生活にあこがれて志望しているとしたら，その外見ではなく心を汲み取ることが必要である。

保育の専門性について，次のような考え方がある。「人はだれでも自分が保育された体験をもち，自分で保育する者として他者とかかわった体験とそれにもとづく見識をもっている。その点で専門家と非専門家との区別は明確ではない。……保育の専門家とは他者とかかわり他者を育てることを，実践においても，思索においても，自らの人生の課題として負うことを選択したもののことである」[1]。このように，自分の内にある「保育」のイメージが，専門家としての保育者として育つ源泉であり，内在する保育力を自ら育成することが保育者になるための基本であるといえよう。

もう一つの保育者の原点は，幼児期や小学生のときに時間を忘れて遊びこんだり，夢中になって何かをした楽しさの体験である。走り回ったり，泥こねをしたり，ごっこ遊びをしたり，あるいはいたずらをしたり，とにかく「おもしろかった！」という思い出である。その思いを自分の中によみがえらせて，目の前の幼児の気持ちとあい通じることができることが大切である。

ある学生は実習の後で次のように述べている。「実習中子どもと接しているとき，保育者という立場が気になっていましたけれど，水遊びや砂場の遊びのときとか，子どもより一生懸命穴を掘ったりしていました。ものの見方は違うけれど子どもと遊んでいて『きれい！』とか『やった！』など感動することは同じなのだと思いました」。この学生といっしょに遊んだ子どもたちはきっと盛り上がったに違いない。どう遊ぶか，どう遊びをおもしろくするかということを学生の姿から感じ取り，互いに共鳴して遊びに熱中したであろう。こうした遊び心をもち続けることが，心から子どもの気持ちに共感できる保育者になるための基本である。理屈では子どもに共感することが大切であることがわかっていても，つい覚めた目で子どものやることを見て，表面的に「すごいね」などといっても子どもには響かないのである。ある先生のクラスではいつも子どもが遊びに集中しているというときは，それぞれ遊びのポイントを保育

者がわかってきちんと助けていることがみられる。それには、いろいろな遊び
の醍醐味を味わった経験が重要になる。もし、子どものころあまり遊ばず、そ
のおもしろさがわからないのであったら、学生時代に友だちといっしょに子ど
もの素朴な遊びを試して楽しんでみてはいかがであろうか。

　保育の専門的学習とはこうした個人的体験を発展させて、客観化概念化し、
共通の伝達可能なものとして習得し直すことである。概念や技術の形式のみの
学習では子どもの生きた生活に結びつけることはできないのである。

（2）保育者のイメージと自己認識

　「私は明るいので保育者に向いていると思います」、「私は子どもが好きなの
で、適性があると思います」とは学生がよくいうことである。当初学生がとら
える保育者のイメージは、明るい、元気、子どもの世話をする、子どもを楽し
ませる（歌や遊戯を教えるなど）、ものごとの善悪を教える、などが主なもので
ある。しかし実際に保育実践の場に入って子どもに触れたり、保育者の動きを
見ているうちに、自分の明るさや元気は、泣いている子どもの慰めにも、遊べ
ない子どもを遊びに誘うことにも、クラス全体をまとめることにも通じないこ
とに気づき、また、一生懸命世話をしようとすれば、子どもの自立を妨げるの
で見守るようにと注意されたり、悪いことをことばで教えようとしても、子ど
もが素直に聞いてくれないばかりか、指導の先生から子どもの立場になって考
えなければなどと批判されてしまう。こうして手も足も出ない自分の状態にが
く然として「自分は保育者に向いていないのではないか」と悩むようなこと
が、多くの学生が一度は体験することである。

　ここで、当初考えられている保育者のイメージはいわば保育者の素材のよう
なものである。または、おとなの立場から保育者向きと見られる行動特性であ
る。これらを子どもの世界に通用するように変換しなければならないのであ
る。学生の元気いっぱいの「おはよう！」や「みんなで遊ぼう！」の掛け声は
子どもにとっては大きすぎて戸惑わせることもある。自分はいいと思って何か
を教えようとしても、子どもの発想に近いところに下りていかなければ子ども

136　第6章　保育者になるための学習課程

にはおもしろくないのである。自分の特性は直接保育に生かされるのではなく，保育的な関係が形成された後に発揮されるものなのである。

ここに似たような体験をした2人の学生の記述がある。

　A　子どもと遊んでいると先生よりも近所のお姉ちゃん的存在になってしまうことが多く，子どもたちに甘く見られてしまうことがあって，きちんと話を聞かせなければならないときなのに，上にのしかかられたりして困ってしまうことがよくありました。やはりそれでは保育者ではないので，いろいろな意味でもっと自分に強くならなくてはいけないと思いました。

　B　実習の際は，立場的には先生という役割で実習に取り組んでいたのですが，子どもたちには「お姉ちゃん」と2週間よばれていて，保育所の先生も「お姉ちゃんじゃなくて先生よ」と子どもたちにいってくれるのですが，変わりませんでした。私は先生とよばれるのがまだ抵抗があったので，身近な存在として感じてくれていることがとてもうれしかったです。子どもたちから見てもまだ先生という感じには見えず，お姉ちゃんのような存在だったのではないかと思います。

　前者においては「保育者であるはずの自分」と実際の落差に焦りを感じており，後者においては「まだ保育者になっていない自分，子どもがとらえる自分」を自覚して受け入れる心のゆとりと謙虚さがうかがえる。

　実習を終了した学生の実習評価が予想以上に悪いとき，「私は一生懸命しました。あいさつもきちんとしましたし，子どもの中にも入って遊びました」というようなことばが返ってくる。本人は「あいさつしたつもり」であっても，相手はあいさつを受けたようには思えない状態だったのだろう。自分の「これでよい」と，求められている「このように」の違い，さらになぜそうでなければならないのかを理解しようとする態度に欠ける場合に生ずることである。

　このように，自分が「このようであるはず」と思い描く自分の行動や子どもとの関係は一朝一夕に達成できるものではない。自分のありのままの姿で素直に子どもとの関係を結びながら，反省，考察を重ねていって徐々に保育者らしさが身についてくるものである。保育者として必要なものが初めからだれにでも身についているわけではなく，それぞれが自分のよさを生かして保育者として育つのである。近年の学生には自分のイメージにとらわれたり，自分がよいと思うスタイルに固執する固さが見られるが，事実に即して柔軟にまた多様な

角度から考え直し，小さなことからでも自分を変えることができるという自信をもって，新たな自分を見いだす喜びを実感していくことが基本である。

（3）適正な価値観，生活態度の形成

1）豊かな人間性の修得

　豊かな人間性をもった保育者に育てられた子どもは幸せである。それは，豊かに生きることを学べるからである。毎日のこまごました生活の中に楽しさやおもしろさを見つけ，悲しみや困難に出会ったときに知恵を出して乗り越える方法を学べるからである。物が豊かにあるのに人の心が貧しくなったといわれ，教育界において「生きる力」が最重要課題になっている昨今，保育者に最も求められているのは，自分たちの生活を意味あるものとし，未来に希望をもって楽しく気持ちよい日々をつくり出していく力である。

　そうした力はどこから生まれるであろうか。

　現代社会は世界一流の芸術に触れる機会，高度な知識を学ぶ手段をもち，多様なジャンルの文化活動を知ることができる恵まれた環境にあり，感性も思考も十分に磨くことができる。少しでもよいもの，「ほんもの」といわれるものに触れて心を動かされる。あるいは文学を通して自分を高め，よりよい存在にあこがれ，すぐれた人の生涯や高潔な思想を学ぶことから，自分がどう生きるか，人間にとって何が最も大切か，信じられるものは何かなど，ものごとの判断基準を得て人生の目的をつくることである。建設的な保育実践をするためにはこうした確固とした人生への態度が欠かせないのである。

　しかし，一方では高度な知識や技能をもちながら，簡単な生活のルールが守れなかったり，目前の人への配慮ができないためにお互いに不愉快な思いをしながら暮らさなければならない状態があるのも事実である。保育においても，ピアノを上手に弾いて歌を教えることができても，子どもと散歩したときにいつの間にか歌を口ずさんで楽しく歩いていたというような活動が生み出せなければ，また，造形活動で物をつくるアイデアを教えても，部屋を清潔にして気持ちよく整えていなければ，子どもが豊かに生活していることにはならない。

138　第6章　保育者になるための学習課程

とかく教養や知識が生活から遊離しがちな現代人の生活であるが，周囲の人，自然，物への温かいまなざし，他者を尊重する態度，自分への信頼感など足元を大切にする姿勢が豊かな人間性の根本である。ものごとを肯定的にとらえて前向きに解釈し，解決のための知恵と積極的な行動力をもつことが基本である。例えば，次のようなエピソードは心豊かに暮らす発想の一例と思われる。

> ある夕食のこと，とても食べるのが早い子が，さっさと食べて席を立とうとした。「もうちょっとゆっくり座っててよ」というと，「それ規則なの？」という返事である。小学校でいろいろな規則に縛られている子どもの心を見たように思って，戸惑っていると，父親が「規則じゃないけど，おかあさんが1時間もかかってつくったのだから，10分や15分で食べてしまうと，おかあさんにすまないからね」と話してくれた。家庭の中で大切に思ってそのことを続けるのと，規則だからといって守るのとでは結果は同じでも意味は違う。規則だから守りなさいと迫るとき，相手のことを考えない有無をいわさぬ態度になってくる[2]。

いまこの状況，場面をいかによりよくしていくか，と思い巡らせて骨惜しみせず行動すること，特に困難や障害に対しユーモアのセンスをもって転換をはかる積極性を身につけることが大切であるが，そうしたお手本は見回せばきっとたくさんあるはずであるから，見習う心構えをもつことが第一歩である。

2) 生活習慣，社会的マナーの向上

保育者養成学校の最近の悩みは，保育者になる人への現場の希望の第一が正しい生活習慣や社会常識をもたせてほしいということであることである。はしや鉛筆が正しくもてない，ぞうきんやほうきがうまく使えない，お辞儀のしかたが下手など，その指摘は枚挙にいとまがないほどである。これらは保育の専門性以前のことと考えられ，大学の教育課程外のこととなっているので，それらを教える専門スタッフは大学にはいないから悩みの種になる。

生活習慣は文化の原点ともいえるものであり，子どもが将来社会生活を行うための基礎的行動様式であるから，それをよりよく身につけさせることは幼児教育の中心的課題である。教える側にできていてあたりまえとされるのは，大学生になるまでに，家庭や地域社会の中で自然に訓練され身についているはずのことであったからである。昨今は社会全体がこれを軽視する傾向にあり，残念ながら不十分な学生が多いのが実情である。

また，社会的マナーは子どもへのお手本になるとともに，職業生活上欠かせないことである。専門的な知識技能がすぐれていても，社会人として組織や集団の中で適切にふるまえなければ，その力は十分発揮はできないのである。生活習慣や礼儀作法（例えば，上司へのことばの使い方からあいさつのしかた，はしや鉛筆のもち方，食事のマナー，掃除のしかた，お茶のいれ方などにいたるまで）について確認し，日常化することが必要である。

2. 保育者になるための学習課程

(1) 保育者養成課程の構造と内容

わが国における保育者養成は教育職員免許法に基づく幼稚園教諭養成と児童福祉法施行規則に基づく保育士養成とに分かれている。現在約8割の短期大学の保育系学科ではその両方の免許資格が取得できる教育課程がある。4年制の教員養成大学や福祉系の大学，あるいは専門学校においても同様である。すなわち，乳幼児保育の実践専門家養成を主眼としている場合，初等教育の教員養成の一環として幼稚園教員養成をする場合，幼児・児童を専門分野として研究する学科における養成の場合，福祉を専門分野として研究する学科における養成の場合の4系列に分けられる。法律上規定されている取得必要科目内容は一定であるが，それらの科目が全教育課程の中でどのように位置づいているかによって保育者として育つ過程が異なり，養成校の特色が表れることになる。すなわち卒業要件と免許資格取得のための要件の重なり方，履修の順序に違いが出るのである（図6-1）。

各大学等はそれぞれの設立の目的，建学の精神に基づいて高等教育を行っており，専門的職業教育は大学教育の目的の一部である。したがって，大学が用意した教育課程を受動的に取得し，

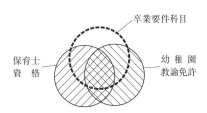

図6-1 卒業要件科目，免許・資格取得科目の関係

（おのおのの分野の広さ，重なりの関係は各学校の特質によって異なる。）

140　第6章　保育者になるための学習課程

結果的に免許，資格を得ただけでは，現場に通用する保育力の修得は困難である。主体的に好ましい保育者像を描き，どのような知識や技能が必要かを考えて，所属する大学の開講科目のシラバスから目的・内容を十分理解し，授業内容を現実や実践の問題に関連したり，自分の個性や能力を考え合わせて学ぶ積極的な態度が必要である。

1）教育課程の構造

教育課程の構造は各大学において内容の違いはあるがおおよそ図6-2〜4のようになっている。大学独自の基礎的教育（基礎科目，基本科目，共通科目，教養科目など）の上に，専門基礎科目，学科専門科目，免許・資格取得科目が位置づく。さらに，理論的学習，実技的学習，実習的学習を並列的に組んでいる場合と，段階的に組んでいる場合の違いがある。

学習の順序は基礎から応用に，理論から実践へ，が一般的であるが，保育の場合はむしろ実践的体験や具体的内容から入ったほうが身につきやすいこともあり，演習や

図6-2　教科間の位置づけ

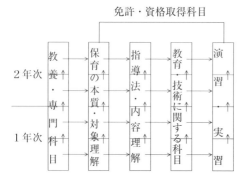

図6-3　短大等におけるカリキュラムの構造の例

各系列ごとに基礎的内容から応用実践的内容に展開する。

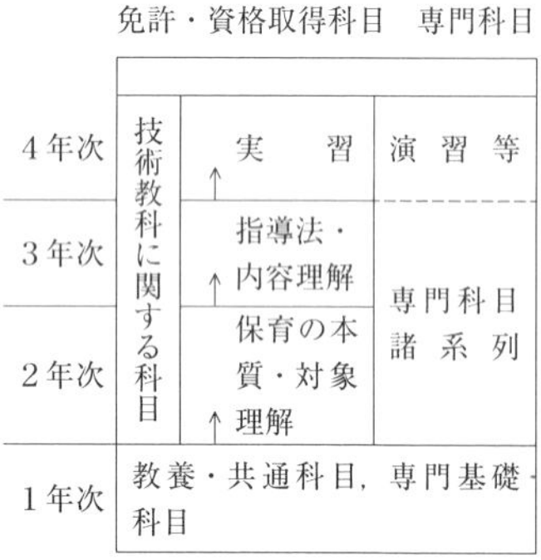

図6-4　4年制大学におけるカリキュラムの構造の例

本質・理論分野から応用，実践分野に段階的に進むが，細部については，多様な分別，関連づけ方がある。

2. 保育者になるための学習課程　141

実習を早く行わせる場合もある．しかし，その際もより基礎的内容から複雑な
応用的内容へと進むことには違いがない．一つ一つの科目が同類の科目，他の
分野の科目とどう関連しているかを把握して取り組むことが大切である．科目
によっては履修のための条件（先に取得しておかなければならない科目など）がつ
けられるので，単位の取りこぼしをしないよう注意しなければならない．

（2）専門的能力の習得基盤

1）なぜ教養（基礎）科目が必要か

　教養科目は基礎科目，基本科目など，大学によって様々な名称が使われてい
るが，広く一般的な教養を身につけることを目指している．近年，大学におい
てはとかく専門性が重視され，学生も早く自分の興味のある専門的な分野の学
習をすることを求める傾向が強い．しかし教養科目は単なる部分的知識，技術
とは異なり，あらゆる学問や人間生活の基礎となる領域であり，すべての専門
性がその上に積み上げられる土台である．マニュアル的に実践に直接役立つも
のではないのでその重要性が気づかれにくいが，社会人・職業人として大きく
成長するために，またさらに高度な知識を身につけたり指導的な役割を果たす
ようになると，その基盤の広さ深さが大きな力を発揮するようになる．

　教養科目の役割をある科目のシラバスの一部を例として考えてみる．

　　「生活と宗教」
● なぜ宗教を学ぶのか（20世紀はどの時代にも類例を見ない特異な時代であったと
　いわれている．この時代を特徴づけることの一つに「無宗教時代」がある．この
　ような時代になぜ宗教を学ばなければならないのか）．
● 宗教って何だろうか（宗教は複雑で不明瞭な文化現象である）．
● 学者は宗教をどうとらえているか．
● 宗教学は何の役に立つのだろうか（今世紀ほど宗教を否定しようとした時代は過
　去になかった．しかし反面，「超」過激な宗教も現われている．なぜこのような
　ことが起きるのか）．
● 20世紀とはどういう時代だったのだろうか．
● 宗教がなくなると世界はどうなるだろうか．
● 「科学」とはどういう学問なのだろうか（われわれは真理の判定をするとき，科
　学的証明を求める．それは，科学的に証明されることが絶対的に正しいと考えて

いるからである。果たしてそうだろうか。最近「科学史」の研究が進むにつれて，この考え方に疑問が投げかけられだしている。

● 科学は人間に何をもたらしたのか（科学のもつ陥穽〔かんせい〕と功罪を考えてみる）。

● 現代の日本の宗教事情はどうなっているか。

● 宗教学は現代に何ができるか（無宗教時代と特徴づけられた現代には皮肉にもさまざまな宗教が発生し乱立している。科学はその負の部分を露呈し，人類の存亡をかけた問題が深刻化している。この問題に宗教学は何をなしえるだろうか）[3]。

　このようなことは保育と関係なく見えるが，自分の生きている時代，子どもたちが生きる時代，生きる意味などを考えようとする態度が，子どもをどう育てるかという保育観の根底にかかわってくる。後で学ぶ，子どもの発達の姿，保護者の子育て上の問題，保育制度の複雑な事情などの専門的な知識を，自分の具体的な保育の中でどう生かし，何を大切にして実践をするかは，自分たちの生活の基盤についての広い視野や価値観が出発点になるのである。

2）学ぶ姿勢を作る

　保育者を目指して養成校に入学してもすぐに実践に役立つ，あるいは自分の学びたい学習に入れるとは限らない。また，これまで思い描いていた保育者像や保育の仕事とは異なる現場についての情報に触れて戸惑い，不安をもつこともあろう。授業内容も予想と違うことも少なくない。しかし，保育者への道の第一歩は自分なりの学びの態勢を早くつくることである。多くの大学は教養科目（基礎科目）において，「広く・浅く」より「狭く・深く」を，講義形式のみでなく少人数教育を，知識の教授だけでなく，人格的交流を重要視してきている。教員や友達とのふれあいの場を有効に活用して自分の不安や疑問を出し合い，自ら問題を発見し，解決への試みをする姿勢をつくることである。特に保育の専門性は主体的な実践力を必要とする。自分の課題を解決するために積極的に人とかかわる経験，ノートのとり方，授業中の教師の質問に自分なりに考えて答えること，グループ討議への参加の仕方，レポートの書き方などを身につけることが必要である。教養（culture）は知識をもっていることではなく，問題を考える知的訓練をすることであるから，専門科目で実用的な専門性を身

につける前に，自分づくりの機会，自己訓練の場として授業を活用することである。幸い選択性が強いので，これまで触れることのなかった分野や自分の興味のもてる分野で，自由に思考を巡らす経験をして，議論の進め方，疑問の解き方を学ぶことは専門能力を高めるための基礎力になる。

また，フィールドワーク，ボランティア活動を通して社会の現実と向き合い，社会のために行動する経験もしておきたい。

3）知ることとわかること

高等学校までの学びでは，ともすればどれだけ正確に知っているか，の知識の量が問われることが多かったであろう。しかし，これから必要なものは，単に知っているという知識ではなく，「わかっている」ことである。それが実践に結びつくことである。「知る」ということは文字情報を使って何かをインプットすることであるから本を読んだり，人と話をしたりして「知る」ことはできる。しかし，「わかる」ということは，思考のプロセスを自分でもう一度追体験すること，つまり，自分の頭で考えることであり，自分で自分なりに再構成することと考えられている。できるだけ知識を鵜呑みにしないで，自分の考えの中に取り込んで納得できるまで学ぶ態度をつくることが大切である。

専門的な知識や技能はその分野に限られて有効な働きをするものである。しかし，保育の場は生活の力動的な日常的な関係の中で進行し，多様な生活の背景をもった人間関係も含む総合的な場であり，保育者自身が保育の場を主体的に構成する重要な役割を担っている。したがって，その知識は単に「知っている」知識ではなく，教養として学んだことを，自分の行動や生活の中に取り込むことが，質の高い専門性の発揮の基盤として必要である。

もう一つ大切なことは，心を広げて自分の理解の仕方や考え方を他の視点から問い直す訓練をすることである。保育は相手があっての仕事であり，他の保育者と協力しながらの実践である。自分の意見やつもりだけではよい成果が得られないので，自分がわかっていることとほかの人がわかっていることの関連性を考えたり，意見を交換し，自分を広げる習慣を身につけることも大切である。それは独りよがりでわかっているのではなく，「わかっていること」が他

にも通じ，「生かすことのできるわかり方」になるということでもある。

（3）保育の専門性の学習において大切なこと

1）専門家の知恵

「専門家の職業生活は暗黙の『行為の中の知』に依存している。有能な実践家は皆，合理的に分別されたり完全に記述することのできない現象を認識することができる」「不確実性，不安定性，独自性，そして価値の葛藤という状況で実践家が対処する"技法"の中心をなすものは，『行為の中の省察』というこの過程全体である」[4]とされる。保育という実践の専門家を目指すには単に多くを知るだけではなく，行為しながら状況をとらえ，判断し，行為することのできる力を養わなければならない。知っていることは行為の枠組みを与えてくれるが，実際に表れるのは行為である。したがって，行為の基盤を作る正しい知識（情報）を獲得することと，行為をどう決めていくかの技法の学習を並行させる必要がある。後者は保育者の勘とよばれているものであるが，これは保育の場についてのイメージと保育者の視点，自分の行為を的確に予測して行動に移す訓練によって身につくものである。異なる二つの知恵が実践を支えていることを理解して，質の高い知恵を身につける努力が求められる。

2）一般的理解と応用

保育の専門家であることの証明は，医者，法律家など，その専門能力が固有な分野と比べてとらえにくく，従来は音楽，遊戯，造形など乳幼児にふさわしい活動や教材を知り，活動のしかたを教えることのように理解されてきた。近年，保育は対象の理解ぬきでは適切に実現できないこと，さらに進んで，子どもを理解し受容することが保育の中心であるとさえ考えられるようになった。ここでの理解とは，各発達段階にある子どもの心身の状態，特性についての一般的客観的知識を基礎として，「個々の子どもに即して」，「よりよい発達への可能性に関連して」，「保育者や環境とのかかわりの接点で」を理解することであり，いわば第三者的知的理解から，「気持ちがわかる」という納得的心情的理解へ，さらに「自分がすべきことがわかる」というかかわりを含んだ行為的

理解へと進むべきものである。こうした理解により，さまざまな状態にある子どもを丸ごと受け入れ，自分の行為とのかかわり（育てる者の立場で）で見ることができる保育者らしい児童観を形成することができるようになる。

客観的理解に関する科目の代表的な科目として，「発達心理学（保育の心理学）」など子どもとその周辺についての科学的研究に基づく科目があり，次のような内容が扱われる。胎児期から老齢期までの人間発達の概要，胎児期，新生児期の特殊性と環境の重要性（母親とのコミュニケーション），養育者との相互作用，乳児や幼児の能力と学習のしかた，自己中心性など乳幼児の心理的特徴，仲間との関係，発達のつまずき，社会環境の影響，現代の母親の問題など。これらの知見は，すぐにはどう保育するかの解答をもたらすものではない。その意味では，専門科目における教養科目ともいえ，覚えても頭の引き出しの底にしまいこまれてしまいかねない。しかし，定説となっている子どもに関する知識は，保育活動，教材選択，環境構成のしかたに根拠を与えるものであり，少なくとも発達的特性に合致しないことを行ったり，事実と矛盾した行動をとったりしないよう保育者としての行動をチェックすることができる。

入園当初泣いてばかりいる子，アニメキャラクターのまねが好きで，くる日もくる日もお面づくりとごっこに明け暮れる子，ささいなことでけんかをする子など，保育者がいらいらするような日常の保育場面で遭遇する子どもの行動も，子どもの側からすれば，発達的な特性や養育環境に基づくやむにやまれない理由があることがわかれば，受け入れたり，対応のしかたを工夫するゆとりが出るはずである。子どもの注意力や身体機能についての知識をもてば，より安全で活動しやすい場の設定ができるはずである。正しい基礎的知識を得て，それを最大限に援用する態度がきわめて重要である。

3) 養護・保育のための知識―子どもの身体，教材の理解―

子どもを適切に養護，教育するためには子どもの身体や教材等についての正確な知識が必要である。

精神的な発達的特徴についての知識，重要性はよく理解され，学生も興味をもって学習し関連科目も多いのに対して，身体的健康管理のための知識の習得

146 第6章 保育者になるための学習課程

が不十分な場合がある。第一に，子どもの生理，身体機能についての正確な知識，病気の症状の理解，けがの処置の基本，日常用いる薬品についての知識とその管理のしかた，保健衛生，栄養などの知識が，実際保育では重要になる。

授業ではとかく学問的な概念的知識の習得になりがちで，実際には活用できないことがある。ひととおり学習しても実際にけがの手当てをしたり，さまざまな状態の子どもに接する経験に乏しい状況であるので，目前で起きていることの理解ができないことがある。ことばのうえでなく，できるだけ具体的に理解し，機会があれば実際に経験する努力が大切である。

特に教職のみの履修者においては心理，教育，文化的な知識が優先して保健関係の常識に欠けることがある。乳幼児の生活では，転ぶ，高いところから落ちる，ぶつかるなどの日常的な事故による小さなけが（たんこぶ，擦り傷など）は避けられない。また，子どもは身体状態が変わりやすいので発熱，腹痛，おう吐，鼻血なども起こしやすい。子どもが起こしやすい症状に対して，適切な対処と保護者への連絡の必要性，医者にみせる必要性への判断力が必要であるので，冷静に判断して行動する力を養っておかなければならない。

第二点は教育内容，子どもの活動の材料となるものについての知識である。主として「教科に関する科目」で扱う内容であるが，幼児に教えることであるからと安易に考えず，扱う内容や材料の原理，子どもが興味をもちそうな環境についての正しい知識が必要である。活動を媒介する材料，教具は多様であり，新しいものもつくられるが，基礎知識をもっていることが自分なりの保育をつくっていく必須条件である。例えば造形についてみれば，描画のための材料の選び方，粘土の性質と扱い方，紙の種類や紙の形を変える基本（折る，切る，丸める，つなぐ，重ねる，立体へ），さまざまな材料（布，ひも，木，針金）など，子どもの活動を充実するためには，媒介となる材料が目的に応じて適切に活用できなければならない。音楽，体育なども同様である。既製の市販のもの，流行のものに頼らずに，素材を活用しながら，子どもとともにつくり出す主体的な保育をすることが，子どもに生活の基礎を教えることになるのである。

自然環境，社会環境についての知識の必要性はいうまでもない。「あれは

何？」，「どうしてなの？」などの質問に常識的に答えられる知識は必要である。特に自然への関心を高めるためには，保育者自身が動植物や自然現象などへの興味と知識をもっていることが基本で，動植物などの適切な扱いができなければ，幼児の興味・関心を育てることはできない。正しいモデルを示すためにも生き物についての正しい知識は重要である。子どもの失敗経験をよい学習の機会とするにしても，保育者自身はわかっていなければならない。

4）保育行為のための技能，動ける身体

授業で学んだことを例として自分で実際に動いてみる。例えば鬼遊び一つとってもさまざまな楽しみ方がある。それぞれどのような特徴があるのか，難しさや，スリル，トラブルの起きやすさなどを知って，子どもの組み合わせやそれまでの活動の経過をみて運ぶことになる。砂遊びの展開も多様である。子どもの感じる楽しみに共感できるためには自ら動いて身体でその遊びのポイントを熟知しなければならない。子どもと活動を楽しむためにも，活動のヒントを与えるためにも子どもの遊びをしっかり身につけておきたい。例えば自分たちで追いかけごっこをひとしきりやって，疲れてきたり飽きてきたとき，そのままにしておくと活動が崩れてくる。うまく次の遊びを考え出す子どもがいるとスムーズに移れるが，そうでないとそのままだらだらとおもしろくない気持ちが続いてしまったりする。保育者がそこでできたグループ関係を生かした集団遊びの提案をするとさっと乗ってきたりする。いろいろな遊びを知っていることが子どもたちの援助を円滑にするので身につけておくとよい。

そのためには保育者自身の技能を高める過程において，一つひとつの教材，遊び方でも並行してさまざまな発達段階にある子どものためにその技能をどう活用するかを問い，実際に子どもの活動や生活とからめて考えたり練習することが必要である。いい換えれば，子どものためによいことが実践できる技術をもつ（ピアノが弾ける，遊び方を知っているなど）ことと，さまざまな状態にある子どもの必要性にどう合わせるかの感性と応用力をつくることである。保育のための技法は「保育内容の研究」「指導法」の各教科目によって習得されることであるが，授業担当者の意図，進め方が少しずつ異なると思われるので，そ

148 第6章 保育者になるための学習課程

の授業を通してどのような順序で何が得られるのかを考え，他の科目で習得していることと関連づけることが必要である。各授業はすべてを扱うことができないので，学習者の賢明な授業の活用が望まれるのである。

　次に柔軟な感覚をつくることが中心課題となっている授業（保育内容「表現」）と実用的な活動をしながら技術（道具使用）の習得をはかろうとする授業（保育内容「環境」）の例からその違いを対比してみる。

「保育内容表現」の一部
目標　学生自身の感受性と感覚を開き，生き生きと動き表現することの基礎を体験と実技を通して養う。総合的な表現活動の体験を通して表現力を育成するとともに，幼児の感性と表現にかかわってこれを促しはぐくむかかわり方を探求する。
・体ほぐし（脱力とリラクゼーション，自分の体を感じる，他者に触れる，他者を感じる）・他者とともに動く（信頼関係，体をあずける，引き受ける）・他者と対応する体（導く，無対象のキャッチボール，声のキャッチボール）・感覚の覚せい（ブラインドウォーク）・感覚の再現（ブラインドウォークでの体験の再現）・音による感覚体験（さまざまな音，楽器に触れる体験から）・造形的感覚体験（さまざまな物に触れる体験から）

「保育内容環境」の一部
目標　遊具のつくり方，遊び方を習得する。遊具づくりでは道具の使い方も訓練する。
・子どもと花（ヒヤシンスの水栽培）・科学遊び（空気を利用して―竹鉄砲　風を利用して―ぐにゃぐにゃダコ　音を使って―竹笛　回転力を使って―竹とんぼ　浮力を利用して―紙飛行機）・時間と空間の遊び（時計遊び，福笑い，目隠し鬼など）・量と図形（背比べ，広さ比べ，大きさ比べ，図形の遊び，折紙，切り紙，積み木など）・伝承遊び（ひもつくり，お手玉，紙メンコ，羽根つき，紙風船など）

　こうした目標の異なる授業で学んだことが関連づけられて，さらに，実際の場で応用されてはじめて生きてくる。前者のような授業で子どもが空気や音に触れたときの感じ方を感じ取れる開かれた状態がつくられていれば，後者で学んだような活動をするときに一方的に子どもに教え込んだり，結果を急がせたりしないで，芯から子どもに共感して楽しいやりとりの中で保育を進められるようになるであろう。最終的には，子どもの発達段階，集団状況，個々の子どもの状態に応じて，どう活動を用意し，どう伝え，どう物を動かし，どう自分が動くかを力動的にとらえられるようになることが目指されるのである。

5) 育ちを見通す力

現行の学校教育法において，幼稚園教育の目的は，「義務教育及びその後の教育の基礎を培うものとして，幼児を保育し……」と明記されている。それは小学校に適応しやすくするための準備教育としてではない。しかし，将来における学校での学びの生活が充実して行えるような生活基盤をつくることが念頭に置かれている。すなわち，「幼児期にふさわしい生活」の積み上げが，現在を充実するとともに将来の生活に必要な経験になるような視点が必要になる。

現代社会の環境は，子どもの興味・関心への刺激や暮らし方のモデルとして，必ずしも幼児にとって好ましいとはいえないことが増えている。昼夜の区別がつきがたい時間の過ごし方や，保護者の都合に合わせた一日のサイクル，子どもの関心をそそる遊具やテレビ番組等も幼児期には不必要なものも少なくない。幼児期に必要な実体験や人とつながる体験，確立すべき基本的生活習慣等，後の生活の基礎として重要なことは何かを確認し，意図的にも，無意図的な自然な保育環境の中にも，込められなければならない。しかし，それは保育者が望ましいとする生活を一律に一方的に身につけさせるのではなく，一人ひとりの育ちの状態，家庭や地域での経験を把握し，その子の「今」の状態から，何が必要かを読み取る目，具体的なかかわりの手立てを考え出す力が求められる。すなわち子どもの育ちの過程を具体的に理解すること，目前の子どもの内面や発達状態を的確に把握すること，集団保育の流れ，予定される活動の中でどのような経験ができるのかを予測すること，そして，子どもの表面的な要求に流されない確かな保育的態度をもつことが大切である。

6) 子育ての支援

平成20 (2008) 年告示された保育所保育指針（平成29 (2017) 年告示も同様）では，保育所として「入所する子どもを保育するとともに，(中略) 入所する子どもの保護者に対する支援及び地域の子育て家庭に対する支援等を行う役割を担うものである」という役割が位置づけられた。保育士の専門性には，保育の対象である子どもへの保育実践力だけでなく，保育の知識や実践のノウハウを保護者や地域に伝えたり，保護者自身の成長を助ける役割が含まれる。

150　第6章　保育者になるための学習課程

「自分ができる」だけではなく，異なる状況にある相手に役立つように伝えるためには，自分の実践を客観化し，一般化し，さらに相手の問題に応用する柔軟性，わかりやすく伝えるコミュニケーション能力が重要になる。保育は未熟な子どもとの相互作用であるが，子育て支援は，ともすると自分より年齢や経験が上の大人との相互作用になる。単なる情報提供ではなく，子育てについての共通の認識や共感する気持ちが必要であり，親しさの中にも節度を保ちつつ，理解し合えるような関係形成が必要になる。保育についての知恵の所有者としてだけではない。よい相談者としての社会的態度が養われるよう，人とのかかわり方を日頃から心することが必要になる。

（4）実習を通しての学習

1）保育の中に入ってみて，触れながら養われること

保育においては知識は必要条件ではあるが，十分条件ではない。それは，保育は状況と関係に取り込まれた中で展開するからである。知的学習は自分の力の一部を活用して行われる。ところが保育はそこにいる「自分」の全てで保育をするわけであるから，例えば知識としては子どもに任せることは大切なことがわかっていても「思わず」ことばや手が出たり，遊びに入った方がよいことが「わかっていても」うまく動けないなど，保育する人の状況判断，感情，意志，技能など全てがかかわる。したがって総合されたものとして，保育力が養われなければならない。目の前に泣いている子どもを見ると思わず駆け寄って「どうしたの」と声をかけたくなる。しかしそれが，はじめて訪れた保育室での場合，数日一緒に遊んだ場合と，責任実習でクラス全体を誘導しなければならない場合とでは，自分の意識も行動も異なる。子どもの方からの反応も全く異なる。この前はこうなのに，とか，あの子はこうなのに，ということにとらわれずに，違いに対応ができる柔軟性がつくられなければならない。

現場において状況展開のシミュレーションをしていくためには，子どもに直に触れたときの自分の感情，状況の中で何が見え，何が見えなかったかなど，場の中で起こることを体験として自分の中に刻み，それを積み重ねる，「実践

「の中」の学びが大切である。実習の中での学生の声を拾い上げてみよう。

実感する　子どもに私の気持ちを伝えるのが，正直あんなに難しいとは思わなかった。大きな声でどなればいいわけではなく，一つ一つわかりやすくゆっくり話して伝えなければならないことを知った。……先生にいわれたらいわれたままでなく，それをしっかり受け止めて自分のものにしなければならないと思った。

子どもの理解　実習中ある先生が「この子は絵を描くのが嫌いなのよ」といいました。しかし自由遊びのときにお絵かきしていて，しかも楽しそうに描いていました。絵を描き終わるとスケッチブックを破りカバンにしまってしまいました。その園のお約束の一つに，スケッチブックを破かない，というのがあって，見つかると注意されるので，私が「どうして破いたの」と尋ねると「だってママに見せたいの」との答え，子どもの心に応じることの難しさを感じました。

計画と実践　さあスキップしましょうとピアノを弾き，最後に仲よし何人かと歌ってその人数で手をつないで座る活動で，女の子たちが5人組になって手をつないだままあおむけになって「花」といっていました。女の子たちが表現したこともわかっていたのに，計画した時間ばかり気になって声をかけることができませんでした。後からどうしてあのとき声をかけなかったのかと反省しました。

子どもの発想　一斉保育でお弁当づくりをしました。さまざまな素材を用意し，とりあえず見本をつくっておきました。実際に子どもたちがつくり始めると，できあがったものは予想しなかったものが多く驚きました。「唐揚げに」と思っていた紙はピーナツバターに，サンドウィッチ用のパンと考えたウレタンも細かく切ってご飯にし，……子どもたちはつくっていくというより素材のもつ雰囲気を大切にしているようでした。だからこそ素材を吟味し，その素材からイメージできるものを考えて，つくれるようにしてあげることが大切だということを学びました。

子どもの感じ方　実習がスタートして間もないころ，子どもが石灰を手，足，顔に塗って遊んでいた。私は「石灰が目に入ったら目が見えなくなるし，口に入るとおなかが痛くなるから」といって注意し水道で洗ってやった。子どもが「新しい先生（実習生）で怒るの初めて見た」といった。私は怒ったつもりはなかったが，子どもにはそう受け止められ，信頼関係が失われることが不安だった。

2）学びの段階

　学生が実習を通して子どもや現場を知っていく過程はさまざまである。保育者として育つ過程はさまざまであるが，人は「成長する」ものである。真の専門性を身につけるためには自分らしい成長を自ら図る努力が必須である。ある

152　第6章　保育者になるための学習課程

一人の学生の記録を実習の段階を追って拾ってみる。現場での無数の経験を紡いで，自分にとって大切なことは何かを確認しながら育っていることがうかがえる。前の日誌などをみて，自分が保育者として成長していることを感じて，さらに目標を高めていくことが望まれる。

①初めての見学実習　実感したこと―子どもには「子ども社会」があり，保育者は介入しすぎてはならない。子どもの行動は予測できないことが多い。課題―目の前しか見えていない。子どもに寄り添えないで背伸びしている自分。

②障碍児とのかかわり体験　実感したこと―多様な子どもへの特別視がなくなり，「人間とは」という根本を考えた。信頼関係の体験をしたように感じる。自分の中で何か大切な変化が起きた。課題―社会の現状へのいらだち感をもつ。

③初めての継続的な実習（幼稚園）　実感したこと―子どもの生活に触れた思いがする，積極的に学びたい。毎日子どもは違う。真剣にかかわれば伝わる。「待つこと」の大切さ。振り返ることの必要性など。課題―気にかかることに集中してしまう。つい感情的になってしまう。

④入所施設の実習　実感したこと―あたりまえのことを新たに感じることが気づきのきっかけになるということ。「スキンシップ」を体感する。改めて職場の人間関係の意味を考える。課題―「一人」とのかかわりと「他の子たち」との関係の難しさ。園の方針と自分の考え方の調和。質問がうまくできない。

⑤保育園での実習　実感したこと―自分らしい保育ができた。子どもと一緒にいることがうれしく，距離が縮まった。子どもを手伝うというより後押しするという感覚。子どもの前に立つことで，保育者としての自信を感じる。先生方とのコミュニケーションの効果。課題―「今は何が大事か」の判断。全体が把握しきれない。子どもの「やりたい」を大切にすること，発達差に応じた応対が大切である。

⑥幼稚園での実習　実感したこと―自分に注目している子どもの視線や子どもへの責任，自分のことばや行動が子どもに伝わっていく感じと，子どもとつながっている手応え。子どもが日々変わっていくことがわかる。「一人ひとり」の個性に合わせることの大事さ。課題―子どもへの自分のあいまいな気持ちがある，それはきちんと判断できないため。子ども同士の問題に十分にかかわれない。表面的，技術的に誉めたり注意したりしてしまい，上滑りする。自分の思いや知っていることを押し通そうとして，目の前の子どもの気持ちや関心が見えてこない。わかっていても応じられないことがあってもどかしく，教材や遊びのレパートリーが足りない。

3) 実習生という立場で体験できること

実習生という立場は学生であり，学ぶ人でありながら，子どもにとっては先生であり，保育の場を担う人でもある。短期間の訪問者として，園の活動に参加するわけであるから，日々新鮮な目で子どもを理解し，その時の最善の行動を取ることに迫られる。「明日」と「次の時に」がないとともに「前にこういうことがあったから」を除いてかかわることになる。それは適切な対応ができにくいという欠点になるが，逆に新しい出会いや，変化への契機を作る可能性をもつ。担任には甘えないのに実習生には甘えたり，実習生の前では張り切って，やって見せたり，自分の悩みをそっとつぶやいてみたり。受容的，真摯な態度の実習生との触れあいは，子どもにとって特別な意味をもつことがある。保育者見習いとして保育者のふるまい方や考え方を学ぶだけではなく，一人の人間としての「いまの自分」が「いまここにいる子ども」と自分の立場で真剣にかかわり，人間と人間の出会い，心の触れあいをすることも重要である。保育者の役割の中ではなかなか体験できない，広い体験をすることができるので，早く現役の保育者のようにうまく保育ができるようになることを目指すのではなく，子どもと一緒の生活を自分の中に刻み込んで，保育者から学びながらも，子どもから学べる保育者の基盤をつくることが大切である。

また，「立場」ということの学びがある。園，担任，子ども，保護者等異なる人間関係の中で，実習生としての立場で，どのように行動することが必要かを考えながら行動することが求められる。確認や伝達を怠って注意されたりすることを通して，自分の位置づけを自覚して，役割をどう果たすかを考えさせられることがあろう。こうした経験から職場においてティームでの仕事の仕方がわかり，相手の立場に立つことのできる保育者への基礎としたい。

4) 反省することの難しさ

自分なりに準備をし，精いっぱいやったと思う実習において，不足していること，間違っていることを認めて改めることは難しい。ほめられたり，うまくいったと思う場合はそれで満足してしまうこともある。また，注意されたり，自分の力不足を感じていたり，改める方法がわからないときは，自信を失った

154　第6章　保育者になるための学習課程

り無力感を感じるであろう。しかし，先にも述べたように，実習は特殊な場であること，指導担当の保育者の個性や考え方によっては同じような実習生の状況でも指導法が異なることがある。つねに実践は「これでよい」ということはないことを前提として，指導，助言を前向きに受け取ること，自分でもしっかりと反省し，よりよい可能性を考える態度をもつことが大切である。

　保育者としての成長の基本は自分の実践を省察・反省し，次の実践に生かすことができるか，他人の経験や助言を自分の実践に生かすことができるかどうかにある。したがって実習において，反省のしかたや助言の受け入れ方を身につけることは重要な学習なのである。実習生はある意味では「できなくて当たり前」という見方もある。「できない自分」を素直に受け入れて成長しようとする姿を次のような例に見ることができる。

　　具体的な場面に関して　　実習中の子どもたちへのかかわりで失敗も多かったです。けんかの仲裁で，つい泣いている子にばかり言い分を聞いてしまったり，かわいくて，なんとなく気に入っている子のそばにいることが多かったりして，全体をよく見なさいと先生に注意されました。また，紙芝居のときにだれかが発言するとそれに答えようとしてもたもたして，全体が落ち着かなくなってしまい，子どもたちにつまらないといわれてしまったり，一人ひとりへのことばかけも「わあすごいね」が多くて，子どもに「すごいねばっかり」といわれてしまったりしました。そのたびに落ち込みましたが，いわれることがもっともだと考えて，少しでも工夫して，子どもの喜ぶ顔が見られたとき，やってよかったと思いました。

　　指導助言に対して　　子どもに何かいおうとしてもうまく伝わらなくて悩んでいたとき，園長先生から「何かいおうと思ってかけたことばは子どもには届かない。心から自然に出たことばが伝わっていく」といわれて，たしかに私が考えてからいったことばは，心がこもっていなかったと反省しました。次の日からは自然に出ることばで気持ちを伝える努力をしました。

　　活動に対して　　実習のすべてがうまくいったわけではありません。子どもが遊びにのってこなかったり，さまざまなハプニングがありました。そのときは「どうして？」という思いばかりでしたが，後から反省してみると子どもの年齢に合っていなかったり，同じようなことを繰り返してしまったためとわかりました。いろいろな方法をたくさんもっていることが大切だとつくづく思いました。実習を通して育てられたことは，自分に「素直な」心が育ったことと思います。自分が精いっぱいやったことに対して先生方の意見感想を聞くことで自分が気づかなかったことを知ることができました。それらを参考に反省することで自分を客観的に見つめ直すよ

い機会を得ました。

保育者とのずれに対して　ふだん先生はある時間に紙芝居を読んでいるので，紙芝居の時間かと考えて，計画に紙芝居と書いたら，先生に「紙芝居はいつも私が読んでいるから，実習生なら何か別のものがあるでしょ」といわれたり，日ごろの子どもの活動から考えた計画に対してほとんど否定的なので，「私ってだめな人間なのだろうか」と思わされることがたびたびありましたが，それではいい方向にはいけないと思ったので，なるべくそうは取らないようにしました。私の欠点は自信がもてないことでしたが，失敗を恐れないように，子どもたちに不安をもたせてはいけないといつも心にいい聞かせました。失敗したとき次に生かすようにして，自信という大切なことを身につけたと思います。

自分への要求に対して　実習中，先生から「子どもたちはいまのやり方に慣れているからできるだけまねをしてください」といわれ，何でもそのとおりにするのが大変でした。うまくできなくて悩んだりしました。たくさんの要求が出てとてもつらく，自分の思うようにやらせてほしいとも思いましたが，終えてみるとやれたとの充実感もあって，苦しかったですが，学ぶことも多かったと思います。

さまざまな助言　先生方にお誕生カードを3種類，各30枚頼まれた。どうがんばっても2種類で精いっぱいだったので，ある先生にいってみたら「2種類でいいですよ」といっていただいた。それを進めていたら前の先生に「あと1種類は？」といわれてしまった。また，できあがって私は先生のところにもっていくのかと思っていたら，他の実習生が「○○先生がここに全部おいていってくださいっていってたよ」と教えてくれたのでそのとおりにしたら，帰るときに前の先生に「もってこなかったらできてないと思うでしょ」といわれ，そのことが実習中ずっと気になってしまっていた。

　さまざまな矛盾をはらんでいるのが現場である。いまここで，自分の立場でできるだけのことをしようと挑戦してみることがよい経験となるであろう。

3. 成長する保育者へ

（1）「育てること」と「育つ」こと

　「育てる・育つ」の関係は二つの方向でとらえることができる。一つは「育てるために，育つ」のであり，他は「育つために，育てる（育てることを通して学ぶ）」のである。前者は「子どものためによくしたい」と真剣に取り組めば，

156　第6章　保育者になるための学習課程

保育者はいやおうなしに育つということである。ある学生が「実習のとき，子どもたちに『楽しかったね，先生またやりたい』などといわれたとき，このことばがあるからがんばれるのだと思いました。そして，いままでこのくらいでいい，と自分を甘やかしてしまい，少しでも楽をしようという考えがあったような気がします。しかし，実習が進むうちに，もう少しこうできるかもしれない，あのときこうしたほうがよかったかもしれないと試行錯誤をし，努力を惜しまなくなったように思います」と述べているが，このように相手によかれと思えば自分が成長しなければならないことに気づき，実行していくのである。

　後者は子どもとのかかわりの中で，人間として成長がはかられるとの視点である。「保育者は子どもが成長することを助け，自分も人間の生涯の完成に向かって成長をつづける。子どもを育てる大人は子どもと出会い，子どもとともに現在をつくり，子どもとの間の体験を省察する。その生活の中で大人は日々学ぶ」[5]と述べられているように，人間は生涯成長し続ける存在であり，子どもを育てることの中で，人間として学んでいるということである。

　保育は「育ちつつある人間」であるおとなが，同様に「育ちつつある」子どもの育ちを助けるのである。子どもの側からすれば，保育者の「よりよくしよう，よりよくなろう」と努力するあり方を学んでいるといえる。

　学生は，子どもができないことに挑戦して繰り返し練習する姿や，自分も欲しいのに我慢して友達に物を貸している場面，子どもの要求にうまく応じられなくても一生懸命にやっていると受け入れてくれる（ピアノの下手な学生が何度もやり直すのにつき合ってくれたりする）心の温かさなどに，はっとして我が身を振り返ることも少なくない。そうした子どもの行動は，どこかでおとなが示していることから，身につけていることを忘れないようにしなければならない。

　学生時代に，成長しようとする自分に気づくこと，子どもや先輩から学んでいるということがわかること，さらに，成長しようと思う目標をもつことができれば，将来への基盤ができたといえよう。次のことばはその一例である。

　　素直な気持ちに
　　実習中，園長先生が「今日のあなたの笑顔はとてもいい」といわれ，昨日は担任の

先生に厳しいことをいわれて気落ちしていたことが見透かされていたように思いました。そして、どこかでこうやって見守ってくれているんだと感じたらとてもうれしくなりました。多くの人に助けられて実習ができていることがわかりました。

（2）保育者としての資質を培う

保育者の資質を規定することはなかなか困難であるが、保育は保育者の身体を通して行われるものであるから、自分の声、ことば、身ぶり、動きのリズムなどが、そばにいる子どもにとって心地よく、子どもからよい動きを引き出すことができるよう鍛えていることは基本である。

知的能力や技能に関しては学生時代に優等生であった人が、必ずしもよい保育者として成長するとは限らないし、意外な人が立派な保育者になっていることもあるので、心がけによるところが大きいといえよう。そこで、保育者を志す人に次のことを問いかけたい。こうしたことを心がけることが、保育者としての成長に役立つと考えられるからである。また、これらは一例であるから、各自が自分の個性に照らして必要だと思われる努力目標を見つけよう。

子どもへの関心や一般的な特性に関して

- 子どもの声が聞こえたり、姿を見るとひとりでに注意が向きますか。
- 子どもが好きそうな遊具、絵本などが好きですか。
- いつも明るい表情をしていますか。
- 感情の表現が穏やかですか。
- ことばでいうだけでなく、行動で示しますか。
- 身体を動かすことが好きですか。
- 人のよいところを見、ものごとをよいほうに解釈しますか。

人とのかかわりに関して

- 自分の意見をいう前に相手の意図や状況を考えますか。
- 相手の状態（気持ち、テンポなど）に合わせて動くことができますか。
- 自分の思うようにならない相手に根気よく対応しますか。
- 話を聞くときにはきちんと相手に向かい、よばれたらすぐ返事をしますか。

158　第6章　保育者になるための学習課程

- 自分のほうからあいさつをしますか。

生活習慣に関して

- 規則正しい生活習慣をもっていますか。

- 衣類を手早くたたむなど，仕事は早いですか。

- ものを片づけるとき，整然と整理しておきますか。

- 服や靴をきちんと身につけていますか。

- 汚れ物，汚い場所をきれいにすることが苦になりませんか。

保育の技術に関して

- すぐに歌える子どもの歌（歌詞を正しく）を何曲知っていますか。

- 昔話，絵本をどのくらい知っていますか。

- 子どものつくるもの（紙のお面，バッグなど）をどのくらいつくれますか。

- 小動物の世話のしかた，身近な花や野菜の栽培法がわかりますか。

- ルールのある集団遊びをどのくらい知っていますか。

子育て支援に関して

- 相手の言うことを根気よく聞けますか。

- 意見の対立や感情的なずれがあっても，自分意見を一方的に押し付けない
  で相手の立場に立つことができますか。

- 自分の感じたことを，言葉にして相手にわかりやすく伝えられますか。

- 伝えたいことを，わかりやすく順序だてて説明できますか。

〔引用文献〕
1) 津守真『保育の1日とその周辺』p.197，フレーベル館，1989
2) 津守房江『育てるものの目』p.195～196，婦人之友社，1984
3) 郡山女子大学短期大学部シラバス『宗教学』須田秀幸
4) ドナルド・ショーン（佐藤学，秋田喜代美訳）『専門家の知恵』p.76，ゆみる出版，
   2001
5) 津守真『保育者の地平』p.279，ミネルヴァ書房，1997

■参考文献
・京都大学高等教育研究開発推進センター編『大学教育学』培風館，2003
・日本保育学会『保育者養成』保育学年報1987年版

第7章 いま，保育者に求められるもの

1. 多様化する保育ニーズの的確な認識

　いま，保育ニーズが多様化しているといわれている。それは，例えば長時間（延長）保育，一時保育であり，休日保育についてのニーズ（要求）である。また，地域子育て支援のためのさまざまな事業実施の要求である[1]。これらは保育所のみならず今日では幼稚園に対しても等しく求められているものである。

　こうした多様化した保育ニーズは，ここ最近とみに顕著となってきている社会の変化によって生じてきたものといえよう。したがって，以下に保育ニーズにかかわってのいくつかの社会の変化（social change，社会変動）について述べてみよう。

　「いま，保育者に求められるものとして」第一にあげることのできるものは，以下にみる社会の変化の的確な認識である。子どもをとりまく，そして親をとりまく，さらには保育者をとりまく社会の変化は，大きな影響を与えており，それらをふまえて保育者は保育のあり方を考えていかねばならないのである。

（1）都　市　化

　都市化（urbanization）というのは，農村が都市になることではなく，正しくいうと，農村にも都市にも都市的な人間関係をはじめさまざまな特徴が浸透してくることである。

　ここでは農村社会の中に都市的な人間関係が入り込んでくることに注目することにしよう。

　今日の日本社会は，ムラ（農山漁村）にしろ，マチ（都会）にしろ，そこでの人間関係（人と人とのつながり）がより都市的になってきているのである。

160　第7章　いま，保育者に求められるもの

　人間関係の都市化は，ひとことでいうと地域社会におけるコミュニティ（隣り合って向い合って一緒に住んでいることによるまとまり）が崩壊していくプロセスとしてとらえることができる。すなわち，そこに住んでいる人たちの向こう三軒両隣のおつきあい，隣に住んでいるということ，お向かいに住んでいるということ，それが，何らかのまとまりをもち，日常生活における支えになる。このつながりはかつての生活にはあったのに，いまはもうなくなりつつあるということである。

　イナカの人たちは親切であるといわれてきた。わずらわしいと思えるほど親密なおつき合いをしてきた。一方，都市化社会のもとでの人間関係（人と人とのおつき合い）は疎遠である（しかし気軽であろう）。マチ（都会）では，隣近所とは朝夕のあいさつをする程度で，協力して一緒に何かをするということはほとんどない。その必要がない。近所が集まるにしても，例えば町内会・自治会のゴミ集配の市（区）役所からの情報を伝え，掃除当番を決めるくらいである。生産活動（職業）での地域でのつながりは，商店街などの特定のものを除いてほかにはない。マチ（都会）では，人々はその目的のためにだけ集まってくるのである（目的的接触という）。また，そのおつき合いは，そのためだけのものである（部分的接触という）。人々は，必要なときに必要な相手とだけつながるのである。

　今日の地域生活では，このように全人格的な，全生活的なつながりはみられない。この傾向が，ムラにもマチにも一般化してきたのである。すなわち，地域社会において地域住民ネットワークが編成されなくなってきているのである。あるいは，ネットワークに組み込まれない人たちが増えてきているのである。さらに子育てネットワークももう編成されなくなってきたといってよいであろう。

　このように，都市化によってコミュニティが崩壊しつつあること，地域子育てネットワークが編成されなくなりつつあることは，保育所や幼稚園への期待をますます強くする。いままでは，緊急の場合やあるいはちょっとした外出のときに，小さい子どもは近所であずかってもらっていた。子育てについての悩

みなど気軽に相談していた。また，隣近所の子育てを自分の参考にするチャンスも多々あった。家の近くで労働している親（おとな）もたくさんいた。地域社会の中での子育てが十分できたのである。今日，それが望めなくなった。

一時保育や緊急一時保育，相談事業をはじめとする地域子育て支援などの役割への期待がここに生ずるのである。

（2）少子化

少子化は子どもの数が減ってきている状況である[2]。少子化は日本全体の問題として深刻な影響を与えている。とりわけ経済の活性化，あるいは高齢社会への対応にとっては看過できない。本稿では保育に限って述べる。

子ども数の減少は，家庭においてきょうだい（兄弟姉妹）関係を経験させられないことになる。そして，地域社会においては遊び仲間が得られない結果をも生む。

子どもが育つにあたってのきょうだいがもつ意味はけっして小さくない。まず，きょうだいは子どもが初めて出会う競争的他者としての役割をもつ。親は初めて出会う他者であっても，しかし競争的他者ではない。親子では菓子を取り合わないし，おもちゃも取り合わない。競争的他者であるからけんかが起こる。けんかは，自己主張のぶつかり合いである。自分を主張するため，ことばをはじめ腕力などいろいろな方法を用いる。主体性と主体性とがぶつかるといってもよい。大いに自分を出す場であり，それを発揮する機会である。

しかし，けんかをそれだけにとどめておいてはいけない。子どもはけんかを通して，競争的他者に対して，弱者へのいたわりを体験するのである。弟や妹とけんかしたときには，兄や姉のほうが強い。逆の場合もしばしばある。いずれにしても，そのときに，勝者には勝った喜びをたっぷりと味わわせてやりたい。敗者には負けたくやしさや悲しさも味わわせたい。

しかし，そこで終わってしまってはいけないのである。保育者や親が「負けたほうはくやしいのよ」，「これが使えなくて悲しんでいるよ」，「君にたたかれて痛がっているよ」，と負けた者の心情を伝える。こうした勝者への優しい，

162　第7章　いま，保育者に求められるもの

ていねいな語りかけは，きっと，かれらに，弱者へのいたわりに気づき，それを体験させるチャンスとなろう。

　親や保育者からのこのような働きかけは，いつかは子どもが内面化し（みずから身につけ），きょうだい愛として成熟していくのである。

　S.フロイトは，同じきょうだいとして生まれてきても，最初からきょうだい愛があるものではない，きょうだいというのはもともとは対立するものだ，そういう意識をもっているものだという意味で，カイン・コンプレックスということばを使ったといわれる[3]・[4]。

　きょうだい関係の働きの三つ目は，下の子が上の子の中に自分の到達すべきモデルを見いだす機会となることである。

　子どもの成長，とりわけ社会的成長とは，身近なところにモデルを得，そのモデルである人物の行動のしかたや考え方を自分のものとして取り込んでいく過程（社会化，socialization）である。つまり，モデルと自分とを重ねる（一体視する，identify）のである。このモデルこそ兄や姉なのである。

　子どもの数が減ってきたということは，きょうだい関係の経験が日常的に不足しつつあること，そして地域社会においては遊び仲間が得られにくくなっていることを意味する。だから一時保育が必要になる。母親が働いていないから保育所保育の直接の対象（「保育を必要とする」乳幼児）とはならないが，週に1日でいいから，1時間でいいから保育所で遊ばせたい，安全な場所であるとともに，遊び仲間の中にうちの子を入れて，お友だちとして遊んでほしいと思っている。

（3）核家族化

　〔祖父母・父母・子ども〕3世代が同居する直系家族が減少し，〔父母・子ども〕からなる核家族の割合が増えていく核家族化も近年目立つ。特に幼稚園や保育所に通う子どもの家族のタイプは核家族が多い。

　核家族には祖父母が同居していない。したがって，人間関係は比較的単純である。ヨメ・シュウトメの葛藤を経験しなくともよい。しかし，祖父母の世代

から父母の世代へ日常的に育児文化が伝承されない。同居していれば，毎日の生活の中で，知らない間に育児に必要なものの考え方や方法が伝えられていく（両親は学んでいく）。これが今日の核家族化社会の中では難しく，現代の若い父母の世代には育児文化が乏しいとさえいわれるのはこのためでもある。

　また，人間的に未熟なままで子の親となった男女には，親としての役割認識に乏しい場合が多い。「親であること」をしっかり自覚するのに，祖父母の同居は，いささかなりとも役だつに違いない。

　しかし，核家族化がますます進むとすれば，上述のような直系家族が果たした子育てにかかわる役割を，これまた，保育所などに期待することになるのである。

（4）生きざまの多様化

　全国どんなところにもコンビニエンスストアはある。それは24時間営業がつねである。24時間いつでも客がある。すなわち，一日中，だれかが起きていて働いており，だれかが寝ていて休んでいる証左である。その労働もさまざまである。職業も多様であり，就労状況も多様である。いろいろな働き方があるのである。また，自分に与えられた時間の使い方も多様であり，かつそれが許されている。伝統的かつ固定的・差別的と思われる男女性別役割原理は通用させてはならないし，すでに通用しなくなりつつある。例えば，「男らしさ」「女らしさ」といった社会的・文化的性格は，あいまいになってきている。

　母親がパチンコ遊戯の後，駐車していた自動車に戻ってみたところ，2人の子どもは熱射病ですでに死んでいた，という痛ましい事故があった。こうした母親がパチンコに熱中するときも，子どもを，保育所は一時保育として受け入れることとなる。もちろん，パチンコだけではない。カルチャーセンターでの紫式部の勉強も，特定の宗教の宣教の業に励むのも，政党の手伝いをするのも，資格を取るべく学校に通うのも，炊事・洗濯など家事につとめるのも，すべて多様な生きざまのひとつである。

　これらは，すべて，自分に与えられた時間の自由な使い方である。その人の

164 第7章 いま，保育者に求められるもの

意味・価値のおき方の選択である。先の就労の多様化とあわせ，価値観や生きざまが多様化してきているのである。今後ますますこの傾向は進むであろう。子育てに限定してみても，これに対応するため，保育（開園）時間の延長や休日保育の実施など，課題は山積である。

2. 専門性の習得

　保育者に求められる専門性とは何か。

　専門性とは，「あるしごと（業務）に携わり，その成果をあげるために，必要なものとして身につけていることが社会から期待・要求されている考え方（ものの観方），知識，技術・方法，姿勢・態度などである」[5]。

　まず，姿勢・態度は子どもを「慈しむ」・「愛する」気持ちを豊かにもつことであり，一人の人格として尊ぶ姿勢をもつことである。

　知識は，しっかりした保育観をすぐれた先達の文献や実践から学びとることにより得られる[6]。保育観・子ども観を基礎として，さらに確かな発達理論が加わるなら望ましいカリキュラムが編成されるであろう。

　そして技術・方法は，音楽・造形・身体表現にかかわる保育のための基礎的技能，例えばピアノを弾くこと，歌うこと，図画工作すること，あるものを身体の動きで表現することなどの技能を習得していることである。それらでもって，子どもの喜びや悲しみ，発見や驚きをさまざまに表現する支えとなるなら，その保育はいっそう充実したものとなるであろう。このとき，保育者に子どもの喜びや悲しみなどを受け止める感性が育っていることも期待される。

　さらに，複数の子ども，しかもさまざまな育ちや生活経験の特徴をもつ子どもたちの集団生活の展開にも生かされる技術が要求される。「集団を育てる」ことが保育ではしばしば課題となる。しかし，保育において集団づくりが目的となってはいけない。一人ひとりの子どもが豊かに育つために集団生活があることに留意すべきである。例えば，集団による造形活動ですばらしいものができあがっても，その過程で，一人ひとりの子どもに，造形（つくる）の喜びを

はじめ協力することの大切さまでをしっかり体験させないと意味はない。したがって，保育者は一人ひとりの子どもの育ちをはかるための集団活動の進め方の技術を身につけたい。

また，保育者は親が自分の「宝物」と思っているその子どもをあずかっている。保育所保育指針には「家庭との緊密な連携の下に，……保育所における環境を通して，養護及び教育を行うこと」が保育の基本原則として示されている。このとき，他人である保育者が保護者と「連携」する際には，冷静さと客観性とが生かされよう。肉親にありがちな一方的・無条件的愛護ではなく，一般的・標準的データを参考にしながらの，一人ひとりの子どもの把握は，的確な子どもへの働きかけの基となろう。

最後に，保育はすぐれてチームプレーである。所長・主任保育士，組を担当する保育士，また調理担当職員など保育全体の職員が協力体制を作り，適切な役割分担をして保育に取り組めるようにすることが求められる。「施設長，保育士など，全職員による適切な役割分担と協力体制を整えること」と，保育所保育指針にもある。自主性と共に協調性・社会性の習得が望まれるのである。

3. 研究する保育者

筆者は，保育者は「研究する保育者」であらねばならないと思っている。では，保育者が研究するとは，どういうことか。保育研究を定義すれば，「保育にかかわって問題と思われることがらについて，絶えず，ある一定の方法で自分で調べ，考え，それによって導き出されたある結論をその問題解決に資するよう努めること」となろう。

保育研究は実践と結びついた研究でなければならない。すなわち，保育研究は，日々繰り返されている日常的な保育活動や保育内容を取り上げて，いろいろな角度から見直し，多角的に検討し，いままでの保育の考え方，方法や内容を必要があれば修正して，新たに仮説を立てて実践してみようとすることである。

166 第7章 いま，保育者に求められるもの

保育の現場には，解決を迫られている「もんだい」が山積している（山積しているはずである）。例えば，全国保育士会・主任保育士特別講座の修了論文のうち，筆者が指導した受講生のタイトルをあげてみると，次のとおりである（平成11年3月）。

・4歳児A君の自律性の育ちを追って
・あそびを発展させる為の保育者の役割—外遊びを通して考える—
・指導計画における評価・反省の大切さについて—生きた「記録」とするために—
・子どもの食欲を意欲との関連から考える
・乳児の生活リズム—ねむりを通して考える—
・現在のおむつ事情から排泄について考える
・伝統的な祭りの魅力について—「奉燈まつり」を通して考える—
・保育所におけるボランティア活動の受け入れについて
・地域に求められる子育て支援を考える—「親子アップル教室」の取り組みの中から—

これらは，特別に研究のために取り上げたものではなく，すべて日常の保育の中で，保育者自身が「もんだい」と感じていることがらである。上に示した定義のとおり一定の方法で研究するならば，何らかの結果が得られ，それが保育実践につながっていくであろう[7]。

保育実践の過程では，解決を必要としている「もんだい」は山積していてもそれが研究の対象として保育者によって十分に認識されていなければ保育は前に進まない。何が問題であるか，どんな課題があるかについて絶えずみずからの保育を見つめ，とらえ直す工夫と努力とが必要である。

この研究は，保育所や幼稚園の職場では，広く「研修」としてとらえられている。保育所保育指針では，この「研修」が重要なものとして取り上げられている。

第1章（総則）から前章（子育て支援）までに示された事項を踏まえ，保育所は，質の高い保育を展開するため，絶えず，一人一人の職員についての資質向上及び職員全体の専門性の向上を図るよう努めなければならない。

1 職員の資質向上に関する基本的事項

(1) 保育所職員に求められる専門性

子どもの最善の利益を考慮し，人権に配慮した保育を行うためには，職員一人一人の倫理観，人間性並びに保育所職員としての職務及び責任の理解と自覚が基盤となる。

各職員は，自己評価に基づく課題等を踏まえ，保育所内外の研修等を通じて，保育士・看護師・調理員・栄養士等，それぞれの職務内容に応じた専門性を高めるため，必要な知識及び技術の修得，維持及び向上に努めなければならない。

(2) 保育の質の向上に向けた組織的な取組

保育所においては，保育の内容等に関する自己評価等を通じて把握した，保育の質の向上に向けた課題に組織的に対応するため，保育内容の改善や保育士等の役割分担の見直し等に取り組むとともに，それぞれの職位や職務内容等に応じて，各職員が必要な知識及び技能を身につけられるよう努めなければならない。

2 施設長の責務

(1) 施設長の責務と専門性の向上

施設長は，保育所の役割や社会的責任を遂行するために，法令等を遵守し，保育所を取り巻く社会情勢等を踏まえ，施設長としての専門性等の向上に努め，当該保育所における保育の質及び職員の専門性向上のために必要な環境の確保に努めなければならない。

(2) 職員の研修機会の確保等

施設長は，保育所の全体的な計画や，各職員の研修の必要性等を踏まえて，体系的・計画的な研修機会を確保するとともに，職員の勤務体制の工夫等により，職員が計画的に研修等に参加し，その専門性の向上が図られるよう努めなければならない。

3 職員の研修等

(1) 職場における研修

職員が日々の保育実践を通じて，必要な知識及び技術の修得，維持及び向上を図るとともに，保育の課題等への共通理解や協働性を高め，保育所全体としての保育の質の向上を図っていくためには，日常的に職員同士が主体的に学び合う姿勢と環境が重要であり，職場内での研修の充実が図られなければならない。

(2) 外部研修の活用

各保育所における保育の課題への的確な対応や，保育士等の専門性の向上を図るためには，職場内での研修に加え，関係機関等による研修の活用が有効であることから，必要に応じて，こうした外部研修への参加機会が確保されるよう努めなければならない。

168　第7章　いま，保育者に求められるもの

4　研修の実施体制等

　(1)　体系的な研修計画の作成

　保育所においては，当該保育所における保育の課題や各職員のキャリアパス等も見据えて，初任者から管理職員までの職位や職務内容等を踏まえた体系的な研修計画を作成しなければならない。

　(2)　組織内での研修成果の活用

　外部研修に参加する職員は，自らの専門性の向上を図るとともに，保育所における保育の課題を理解し，その解決を実践できる力を身に付けることが重要である。また，研修で得た知識及び技能を他の職員と共有することにより，保育所全体としての保育実践の質及び専門性の向上につなげていくことが求められる。

　(3)　研修の実施に関する留意事項

　施設長等は保育所全体としての保育実践の質及び専門性の向上のために，研修の受講は特定の職員に偏ることなく行われるよう，配慮する必要がある。また，研修を修了した職員については，その職務内容等において，当該研修の成果等が適切に勘案されることが望ましい。

（平成29年3月31日告示　保育所保育指針「第5章　職員の資質向上」）

　研修は一人ひとりの保育士に求められるとともに，園全体として全職員にチームをつくっての体制が必要とされる。さらに，職場内の研修（OJT）のほか職場を離れての研修（OffJT）にも，積極的に参加することが大切である。

4.　職業人としての保育者

　保育者に専門性が求められるのは，保育が職業活動であり，保育者が職業人（プロ）だからである。

　「生計を維持するための収入を伴う，社会的分業に参加することによって財貨やサービスを生産するための継続的な活動であり，それによりいささかなりとも自己実現が果たされるよう努める活動」とする職業の定義は保育にもこのままあてはまる。職業のテーマ（上記の定義にみるキーワード）は生業・自己実現・そして社会的分業の三つであるが，とりわけさきにみた専門性は社会的分業にかかわってくる。社会的分業を担うから生業として成り立つ。子どもを健やかに育て家庭養育の補完をするという社会的分業（期待）を担ってこそ保育

者は収入を得られる（生業）のである。

　保育者が社会的分業を担う（社会的期待にこたえ，社会的責任を果たす）ためには，すなわち職業人（プロ）であるためには，それなりの専門性を備えていなければならない。

〔注〕
1) 厚生労働省はいわゆる保育ニーズの多様化に対応するため，さまざまな施策を策定している。それは特別保育事業としてまとめられる。
2) 子どもの数が減少してきていることは，合計特殊出生率という数値で示される。15歳から49歳までの女子の年齢別出生率を合計したもので，1人の女性が仮にその年次の年齢別出生率で一生の間に子どもを産むとした場合の平均子ども数である。いまの人口を単純に維持するだけでも〔2.08〕必要とされるところ，平成29年度は〔1.43〕である。
3) 旧約聖書に出てくるエデンの園で神さまが最初におつくりになった男と女，アダムとイヴが産んだ男の子2人，カインとアベル。兄のカインは神さまから疎んじられ，弟のアベルはかわいがられる。それを根にもったカインがアベルをエデンの外に連れ出して殺してしまう（旧約聖書・創生記　第4章）。
　このカインとアベルの話を下敷にしてつくられた映画が，もう神話的になったジェームス・ディーンの「エデンの東」である。
4) きょうだい間の愛憎の葛藤や敵対感をフロイト（S.Freud）は旧約聖書の上記の記事に因んで「カイン・コンプレックス」（Cain Complex）とよんだ。また，兄弟コンプレックス（brother complex）ともいう。
5) 専門性については，民秋言編著『保育原理―その構造と内容の理解』（萌文書林，pp279～285，2009）に詳しく論じている。
6) この点については，本書第1章並びに第3章で述べている。
7) 民秋言編著『幼稚園・保育所での研究の進め方と実例』（萌文書林，1992）に詳しく扱っている。

さくいん

〔あ〕

赤沢鍾美………………65,100
秋田美子………………………67
遊　び……………47,52,84
遊びの素材……………………86
アメリカン・ミッ
　ション・ホーム………61
あるがまま………………… 8

〔い〕

家なき幼稚園運動………58
生き生きしさ…………………72
生きざまの多様化……163
育児相談………………127
石井十次………………………66
一時保育………126,159
１条校…………………………27

〔う〕

ヴィヨーム………………47
ヴォルケ…………………47
鵜飼貫三郎………………59
受け止める………………… 8

〔え〕

エミール…………………43
園生活……………………82
延長保育………………159

〔お〕

オーエン…………………50
岡　政……………………64
驚く心……………………116
恩　物……………7,52,67

〔か〕

核家族化………………162
学習課程………………139
価値観…………………137
学科専門科目…………140
学校教育法………………1,16
活　動…………………154
家庭との連携…………122
環　境…………………114
感　性…………………116
感動する……………9,117

〔き〕

Kindergarten …………53
季節感……………………83
基礎科目………141,142
基礎的教育……………140
虐　待…………………130
休日保育………………159
教　育……………1,112
教育課程………………139
教育基本法………………17
教育公務員………………23
教育職員免許法……23,139
教育を受ける権利………16
教　員……………………18
教員の地位に関する
　勧告……………………35
教科に関する科目………146
共感する………………… 9
教養科目………………141

〔く・け〕

クラス担任制…………119

〔倉橋〕

倉橋惣三………7,57,91,104
計画と実践……………151
経験カリキュラム………78
経験内容…………………75
欠格条項…………………24
研　修……………33,111,166

〔こ〕

甲賀ふじ…………………63
公立遊戯場………………47
戸外の遊び………………84
子育て支援……………126
子育て相談……………127
子ども観………………… 5
子ども・子育て支援法…18
子ども文化………………97
子ども理解………144,151
子どもを育てる………… 4
コーナー…………………86
コンダクト・カリ
　キュラム………………56

〔さ〕

作　業……………47,51
桜井ちか…………………61
支え合う…………………90
ザルツマン………………46
3歳以上児の保育……113

〔し〕

JKU……………………56
自己陶冶……………83,87
自己認識………………135
自然にかえれ………6,44
実感する………………151

さくいん　171

実　習……………………150
実習評価…………………136
室内の遊び………………85
児童指導員………………20
指導助言…………………154
児童生活支援員…………20
児童中心主義………56,57
児童の遊びを指導する者
　………………………20
児童福祉施設の設備及
　び運営に関する基準…20
児童福祉法………1,17,18
児童福祉法施行規則
　………………………29,139
児童文化…………………94
自発性………45,51,115
自発的な遊び……………84
社会化………………5,162
社会的マナー……………138
社会福祉法………………17
修業教科目………………29
主体性……………………110
情緒の安定………………113
受　容………………8,108
馴　化……………………71
小学校教育との連携……89
消極教育…………………45
条件附任用………………23
少子化……………………161
職業人……………………168
職場文化…………………95
所内研修…………………112
初任者研修………………33
心象風景…………………76
神　性………………52,54
進歩主義教育……………56

〔す・せ〕

スキンシップ……………121

性格形成学院……………50
生　活……………………71
生活実感…………………82
生活習慣…………………138
生活による教育…………71
生活による芸術…………74
生活を生活で生活へ……7
省　察……………………98
生存権……………………17
セツルメント施設………59
全国保育士会倫理綱領…26
専門基礎科目……………140
専門性………134,144,164
専門性の習得……………164
専門的能力の習得………141

〔そ〕

創造的な役割……………75
組　織……………………93
育ち合う………………90,129
育ての心…………………104
育てる・育つ……………155

〔た〕

対象の理解………………144
高森ふじ…………………56

〔ち〕

地域社会…………………97
地域の子育て支援
　………………105,126,131
地域へ発信する…………131
知が育つ…………………87
知　識……………………145
地方公務員法……………23
チームワーク……………119
中堅教諭等資質向上研修
　………………………33
懲戒免職…………………24

長時間保育………………159
調和的発達………………48

〔て〕

低年齢児の保育………112
デイリープログラム
　………………………117
デューイ…………………55

〔と〕

徳永恕……………………66
都市化……………………159
冨田象吉…………………66
ともに育つ………………11
豊田芙雄…………………62

〔な・に〕

中村正直………………54,61
日本国憲法………………16
乳児保育…………………120
人間教育…………………52
人間性……………………104
認定こども園……………22

〔ね・の〕

ねらい……………………11
野口幽香…………………63

〔は〕

ハ　ウ……………………61
橋詰良一………………58,91
バゼドウ…………………46
汎愛主義…………………46
反　省……………………153

〔ひ〕

表現力……………………74
表　示……………………89
ヒ　ル……………………56

172　さくいん

〔ふ〕

婦人宣教師……………60
普通免許状……………27
ブラーシェ……………47
フレーベル………7,47,51

〔へ〕

米国婦人一致外国伝
　道協会………………61
ペスタロッチ…………48

〔ほ〕

保　育……………………1
　——の意味…………133
　——の基本…………108
　——の省察……………98
　——の専門性
　…………134,144,164
保育技術………………101
保育教諭…………………23
保育組合…………………60
保育研究………………165
保育行為のための技
　能…………………147
保育参加型……………125
保育参観型……………125

保育士…………20,24,29
　——養成校……………29
保育実践………………110
保育者……………15,159
保育者集団………………93
保育者のイメージ……135
保育者の原点…………134
保育者の資質…………157
保育者の成長…………100
保育者の役割……………71
保育者養成課程………139
保育所…………1,16,103
保育所保育指針………2,34
保育内容の研究………147
保育ニーズ………120,159
ホイジンガー……………47
保護者との緊密な連
　携……………………123
母子支援員………………20
保　父……………………21
保　母……………………21

〔ま行〕

待　つ……………………10
未来の創造……………101
無意図的社会化…………4
免許・資格取得科目…140

モンテッソーリ…………7
モンテッソーリ教具……7

〔ゆ〕

遊　戯……………52,55
遊具環境…………………86
誘導保育…………57,64
豊かな人間性…………137
ユネスコ…………………35

〔よ〕

養　護…………………112
幼児学校…………………51
幼児期の体験…………133
幼児の理解………………77
幼稚園…………1,16,51,71
幼稚園教育要領…………2
幼稚園教諭……18,23,27
幼保連携型認定こど
　も園…………………4,22

〔ら行〕

ルソー……………6,43
連絡帳…………124,129

〔わ〕

和田実……………………55

〔編著者〕

民　秋　言　　白梅学園大学名誉教授

〔著　者〕(五十音順)

青　木　久　子　　青木幼児教育研究所主宰

上　田　哲　世　　元聖和大学短期大学部教授

関口はつ江　　東京福祉大学・同大学院教授

増田まゆみ　　元東京家政大学教授

矢藤誠慈郎　　和洋女子大学教授

三訂 保育者論

2000年（平成12年）　7月1日	初版発行〜8刷	
2007年（平成19年）　2月15日	改訂版発行〜2刷	
2009年（平成21年）　3月25日	改訂第2版発行〜6刷	
2015年（平成27年）　9月15日	改訂第3版発行〜3刷	
2018年（平成30年）10月15日	三訂版発行	
2020年（令和2年）11月20日	三訂版第2刷発行	

編 著 者　　民　秋　　　言

発 行 者　　筑　紫　和　男

発 行 所　　株式会社 建帛社
　　　　　　　　　KENPAKUSHA

112-0011　東京都文京区千石4丁目2番15号
TEL　(03)3944-2611
FAX　(03)3946-4377
https://www.kenpakusha.co.jp/

ISBN 978-4-7679-5086-0　C3037　　　　　　新協／ブロケード
ⓒ民秋言ほか，2000，2007，2018.　　　　Printed in Japan
定価はカバーに表示してあります

本書の複製権・翻訳権・上映権・公衆送信権等は株式会社建帛社が保有します。

JCOPY〈出版者著作権管理機構 委託出版物〉

本書の無断複製は著作権法上での例外を除き禁じられています。複製される
場合は，そのつど事前に，出版者著作権管理機構（TEL03-5244-5088,
FAX03-5244-5089, e-mail：info@jcopy.or.jp）の許諾を得て下さい。